Italienische Grammatik

Cornelsen

Italienische Grammatik

Von Martin Lehmann

Beratende Mitwirkung:
Prof. Dr. Michael Scotti-Rosin

Umschlaggestaltung: hawemannundmosch, bureau für gestaltung, berlin
Layout: Stephan Hilleckenbach, Berlin
Technische Umsetzung: Rainer Bachmaier, Berlin
Illustrationen: Laurent Lalo

www.cornelsen.de

1. Auflage, 1. Druck 2006

Druck: Clausen & Bosse, Leck

ISBN-13: 978-3-589-22227-8
ISBN-10: 3-589-22227-1

Inhalt gedruckt auf säurefreiem Papier,
umweltschonend hergestellt aus chlorfrei gebleichten Faserstofen.

Vorwort

Die **Italienische Grammatik** ist ein praktisches Handbuch für alle, die die italienische Sprache erlernen und ihre Grammatikkenntnisse verbessern wollen. Sie bietet gründliches Orientierungswissen und ist ideal sowohl zum Nachschlagen und Wiederholen zu Hause als auch kursbegleitend im Unterricht.

Die **Italienische Grammatik** gibt einen Überblick über die grundlegenden grammatischen Erscheinungen der italienischen Sprache heute. Dabei werden die Strukturen und Regeln, die für die Kommunikation bis zur Niveaustufe B1 des Gemeinsamen europäischen Referenzrahmens vorausgesetzt werden, in leicht verständlicher Sprache erläutert. Die verwendeten grammatischen Begriffe und Kategorien werden immer dort, wo sie eingeführt werden, definiert und erklärt. Die zahlreichen und anschaulichen Beispielsätze helfen, die grammatischen Phänomene und Regeln gut zu erfassen.

Zum schnellen Nachschlagen gibt es am Schluss des Buches die wichtigsten grammatischen Themen in einem alphabetischen Stichwortregister.

Verlag und Autor wünschen viel Spaß und Erfolg beim Arbeiten mit der **Italienischen Grammatik**.

Einführung

1 Grundsätzliches

Italienisch ist eine romanische Sprache wie auch z. B. Französisch und Spanisch, weil sie vom gesprochenen Latein abstammt. Heute sprechen ungefähr 65 Millionen Menschen Italienisch, vor allem in Italien. Italienisch ist Amtssprache in Italien, San Marino, im Vatikan, in der Schweiz.

Eine Sprache ist vergleichbar mit einem Spiel: Wir haben ein Set mit Spielsteinen (Laute und Wörter) und eine Spielanleitung mit Spielregeln, die das Setzen der Spielsteine bestimmen (Grammatik mit Regeln). Diese Grammatik ist sozusagen die Spielanleitung für das Spiel „Italienisch".

2 Grammatische Fachausdrücke

Ohne Fachausdrücke kommt man bei der Beschreibung der Grammatik der italienischen Sprache nicht aus. Und da das Deutsche und das Italienische zum Teil unterschiedliche grammatikalische Strukturen aufweisen, werden dort, wo es im Deutschen keine Entsprechungen gibt, die Ausdrücke auf Italienisch verwendet, wie vor allem bei den Zeiten (z. B. *passato prossimo*, *trapassato remoto*). Die grammatikalischen Bezeichnungen werden aber immer wieder erklärt.

Die wichtigsten grammatikalischen Abkürzungen sind:

Sg. Singular, Einzahl
Pl. Plural, Mehrzahl
m. maskulin, männlich
f. feminin, weiblich

3 Wort und Wortarten

Sprache besteht aus Wörtern. Je nachdem, welche grammatikalischen Funktionen sie haben, lassen sich die Wörter in Wortarten einteilen. Wortarten sind also Gruppen von Wörtern, die sich grammatikalisch gleich verhalten.
Die vorliegende Grammatik ist in Kapitel eingeteilt, die jeweils eine Wortart und ihre Funktion im Italienischen erklären.
Man unterscheidet zwischen Wortarten, die nur aus einer kleinen Anzahl von Wörtern bestehen – sog. geschlossene Wortarten, wie z. B. Konjunktionen, Präpositionen und Pronomen –, und Wortarten, die jederzeit neue Wörter

aufnehmen können und daher viele Wörter in sich vereinigen – sog. offene Wortarten, wie z. B. Nomen, Adjektive, Verben.

Während sich die offenen Wortarten auf Vorstellungen von der Wirklichkeit beziehen (hier: **Francesca, va, casa**), sind die geschlossenen Wortarten dazu da, diese Begriffe in logische Beziehungen zueinander zu setzen (hier: **a**).

Francesca geht nach Hause.

offene Wortarten

Verben (**amare, partire** – lieben, abfahren)
Nomen (**libro, donna, Maria** – Buch, Frau, Maria)
Adjektive (**bello, verde** – schön, grün)
Interjektionen (**uff, boh, brr** – oh Mann, hm, brr)

geschlossene Wortarten

Präpositionen (**a** – an, **di** – von, **da** – aus, **tra** – zwischen, **sotto** – unten)
Adverbien (**oggi** – heute, **qua** – hier, **così** – so, **non** – nicht)
Konjunktionen (**e** – und, **o** – oder, **ma** – aber, **benché** – obwohl, **che** – dass)
Pronomen (**io** – ich, **loro** – sie, **questo** – diese/r/s, **chi** – wer)
Artikel (**la** – die, **il** – der, **lo** – das, **gli** – die, **le** – die, **i** – die, **un** – ein, **una** – eine)

Die Veränderungen, denen die offenen Wortarten unterliegen, um einen logisch strukturierten Text zu bilden, und das Funktionieren der geschlossenen Wortarten, die die anderen Wortarten zueinander in Beziehung setzen, sind Gegenstand dieser Grammatik.

4 Satz und Satzfunktionen

Die Funktionen eines Satzes sind Subjekt, Prädikat, direktes und indirektes Objekt sowie adverbiale Bestimmung.

1. Subjekt und Prädikat

Sätze bestehen aus Wörtern. Die Wörter übernehmen im Satz gewisse Funktionen. Das Subjekt gibt das Thema (oft eine Person oder Sache) an, über das der

Satz eine Aussage macht. Nach dem Subjekt wird mit „Wer oder was?" gefragt. Das Prädikat (oft eine Tätigkeit) sagt etwas über das Thema aus. Wenn klar ist, wer oder was etwas tut, kann das Subjekt im Italienischen weggelassen werden.

Subjekt	Prädikat	
Andrea	dorme.	Andrea schläft.
Il treno	va.	Der Zug fährt.
I bambini	giocano.	Die Kinder spielen.
	Giocano.	Sie spielen.
	Mangi?	Isst du?

2. Direktes Objekt

Das direkte Objekt ist eine Erweiterung des Prädikats und beantwortet die Frage „Wen oder was?".

Subjekt	Prädikat	direktes Objekt	
Salvatore	chiama	Pietro.	Salvatore ruft Pietro.
Maria Callas	canta	una canzone.	Maria Callas singt ein Lied.

3. Indirektes Objekt

Das indirekte Objekt steht mit der Präposition a und antwortet auf die Frage „Wem?".

Subjekt	Prädikat	direktes Objekt	indirektes Objekt
Il professore	fa	una domanda	al ragazzo.
Der Lehrer stellt dem Jungen eine Frage.			
Alessandro	regala	un fiore	a Marcella.
Alessandro schenkt Marcella eine Blume.			

4. Adverbiale Bestimmung

Adverbiale Bestimmungen geben nähere Angaben zu den Umständen eines Sachverhalts. Sie antworten auf Fragen nach dem Ort (Wo?), der Herkunft (Woher?), der Richtung (Wohin?), der Zeit (Wann?), der Art und Weise (Wie?) oder der Häufigkeit (Wie oft?) eines Sachverhalts.

Subjekt	Prädikat	adverbiale Bestimmung	
Vincenzo	vive	a Milano.	(Dove?)
Vincenzo lebt in Mailand.			(Wo?)
	Vengo	da Palermo.	(Da dove?)
Ich komme aus Palermo.			(Woher?)
Antonia	mangia	alle otto.	(Quando?)
Antonia isst um 8 Uhr.			(Wann?)
Lui	mangia	con gusto.	(Come?)
Er isst mit Appetit.			(Wie?)
Laura	va dal medico	due volte la settimana.	(Quante volte?)
Laura geht zweimal in der Woche zum Arzt.			(Wie oft?)

Das Nomen und seine Begleiter

5 Nomen

Nomen *(i nomi, i sostantivi)* sind Wörter, die Personen, Gegenstände oder etwas Abstraktes bezeichnen. Im Italienischen werden Nomen kleingeschrieben: **medico** (Arzt), **libro** (Buch), **amore** (Liebe).

Das Nomen ist durch Genus (grammatikalisches Geschlecht) und Numerus (Zahl) gekennzeichnet.

Genus: Die italienischen Nomen können maskulin und feminin sein:
ragazzo, ragazza (Junge, Mädchen).
Ein Neutrum wie im Deutschen (z. B. das Fenster) gibt es nicht.

Numerus: Die meisten Nomen haben Formen für Singular (Einzahl) und für Plural (Mehrzahl): **ragazzo – ragazzi** (Junge – Jungen), **ragazza – ragazze** (Mädchen – Mädchen).

1 Das Genus

Genus *(il genere)* ist das grammatikalische Geschlecht. Nomen können entweder maskulin (*maschile*, abgekürzt *m.*) oder feminin (*femminile*, abgekürzt *f.*) sein.

maskulin		feminin	
il libro	das Buch	la lettera	der Brief
il gatto	der Kater	la gatta	die Katze
il fiore	die Blume	la neve	der Schnee
il dottore	der Arzt	la dottoressa	die Ärztin

Das grammatikalische Geschlecht muss nicht identisch mit dem natürlichen Geschlecht sein. So ist im Deutschen „das Mädchen" Neutrum. Im Italienischen wird z. B. il sindaco (der Bürgermeister) auch gebraucht, wenn es sich um eine Frau handelt.

Das Genus eines italienischen Nomens stimmt nicht immer mit dem Genus des entsprechenden deutschen Nomens überein:

il controllo *m.*	die Kontrolle *f.*
il gruppo *m.*	die Gruppe *f.*
il milione *m.*	die Million *f.*
la sala *f.*	der Saal *m.*
il vaso *m.*	die Vase *f.*

Das Genus erkennt man in der Regel an der Endung des Nomens.

Nomen auf -o sind maskulin:		Nomen auf -a sind feminin:	
il giardino	der Garten	la bicicletta	das Fahrrad
il libro	das Buch	la scuola	die Schule
il sogno	der Traum	la pizza	die Pizza
il ragazzo	der Junge	la ragazza	das Mädchen

Einige Ausnahmen:

la radio *f.*	das Radio	il problema *m.*	das Problem
la mano *f.*	die Hand	il poeta *m.*	der Dichter
la foto *f.*	das Foto	il papa *m.*	der Papst

Nomen auf -e können maskulin oder feminin sein: il mare *m.* (das Meer), la fame *f.* (der Hunger)

Weitere Endungen, an denen man das Genus des Nomens erkennen kann, sind:

maskulin auf Konsonant:	**il bar** *m.*, **il film** *m.*, **lo sport** *m.* die Bar, der Film, der Sport
maskulin auf **-tore**:	**il pittore** *m.*, **il dottore** *m.*, **l'attore** *m.* der Maler, der Arzt, der Schauspieler
feminin auf **-tà**:	**la verità** *f.*, **la felicità** *f.*, **la città** *f.* die Wahrheit, die Glückseligkeit, die Stadt
feminin auf **-ione**:	**la lezione** *f.*, **la regione** *f.*, **la televisione** *f.* der Unterricht, die Region, das Fernsehen

Allerdings gibt es auch hier manchmal Ausnahmen: z. B. **il milione** *m.* (die Million)

Man sollte das Nomen stets mit dem dazugehörigen Artikel lernen, der in den meisten Fällen das Genus angibt.

2 Das Genus nach der Bedeutung

Bezeichnungen von		Ausnahmen z. B.:
1. Meeren	**il Mediterraneo** *m.*, **l'Adriatico** *m.* das Mittelmeer, die Adria	
2. Flüssen	**il Reno** *m.*, **il Tevere** *m.* der Rhein, der Tiber	**la Senna** *f.* die Seine
3. Bergen	**il Cervino** *m.*, **il Giura** *m.* der Matterhorn, der Jura	**le Alpi** *f.* die Alpen
4. Bäumen	**il pino** *m.*, **l'olmo** *m.* die Kiefer, die Ulme	**la palma** *f.* **la quercia** *f.* die Palme, die Eiche
5. Metallen	**l'oro** *m.*, **il ferro** *m.* das Gold, das Eisen	
6. Wochentagen	**il martedì** *m.*, **il venerdì** *m.* der Dienstag, der Freitag	**la domenica** *f.* der Sonntag
7. Monatsbezeichnungen sind meist maskulin.	**il giugno del 1961** *m.* der Juni 1961	

Bezeichnungen von		Ausnahmen z. B.:
1. Inseln	la Sicilia *f.*, l'Elba *f.* Sizilien, Elba	
2. Städten	Roma eterna *f.*, la bella Napoli *f.* das ewige Rom, das schöne Neapel	il Cairo *m.* das Kairo
3. Regionen	la Lombardia *f.*, la Sicilia *f.* die Lombardei, das Sizilien	il Lazio *m.*, il Piemonte *m.*, il Veneto *m.* das Latium, das Piemont, das Venetien
4. Ländern	l'Italia *f.*, la Francia *f.*, la Svizzera *f.* Italien, Frankreich, die Schweiz	il Canada *m.*, il Portogallo *m.*, il Giappone *m.*, il Congo *m.*, gli Stati Uniti *m./Pl.* Kanada, Portugal, Japan, der Kongo, die Vereinigten Staaten
5. Kontinenten	l'America *f.*, l'Europa *f.*, l'Africa *f.* Amerika, Europa, Afrika	
6. Automarken sind meist feminin.	la Mercedes *f.*, la Fiat *f.*, la Ferrari *f.*, la Cinquecento *f.* die Mercedes, die Fiat, die Ferrari, die Cinquecento	

3 Maskuline und feminine Personenbezeichnungen

1. Maskuline Personenbezeichnungen auf **-o** bzw. **-e** bilden die feminine Form auf **-a**.

il ragazzo *m.* – la ragazza *f.*	der Junge – das Mädchen
il figlio *m.* – la figlia *f.*	der Sohn – die Tochter
il signore *m.* – la signora *f.*	der Herr/Mann – die Frau
il padrone *m.* – la padrona *f.*	der Besitzer – die Besitzerin
Ausnahme z. B.: il nipote *m.* – la nipote *f.*	der Neffe / das Enkelkind – die Nichte / das Enkelkind

2. Maskuline Nomen auf **-ante**/**-ente** behalten in der femininen Form ihre Endung bei. Es handelt sich bei diesen Wörtern um substantivierte Partizipien im Präsens (wörtlich: **il cantante** – der Singende).

il cantante *m.* – **la cantante** *f.*	der Sänger – die Sängerin
il paziente *m.* – **la paziente** *f.*	der Patient – die Patientin

Ausnahme:

lo studente *m.* – **la studentessa** *f.*	der Student – die Studentin

3. Berufsbezeichnungen werden relativ oft mit maskulinen Nomen ausgedrückt, selbst wenn eine Frau diesen Beruf ausübt.

il medico	der Arzt
l'avvocato	der Rechtsanwalt
l'architetto	der Architekt
l'ingegnere	der Ingenieur

4. Nomina auf **-ista** und **-ega** haben im Singular nur eine Form für maskulin und feminin.

il musicista – la musicista	der Musiker – die Musikerin
il giornalista – la giornalista	der Journalist – die Journalistin
il collega – la collega	der Kollege – die Kollegin

5. Maskuline Personenbezeichnungen auf **-tore** bilden feminine Formen auf **-trice**.

il traduttore *m.* – **la traduttrice** *f.*	der Übersetzer – die Übersetzerin
lo scrittore *m.* – **la scrittrice** *f.*	der Schriftsteller – die Schriftstellerin

Ausnahme:

il dottore *m.* – **la dottoressa** *f.*	der Arzt – die Ärztin

6. Für einige feminine Personenbezeichnungen gibt es ein eigenes Wort.

il padre *m.* – **la madre** *f.*	der Vater – die Mutter
il fratello *m.* – **la sorella** *f.*	der Bruder – die Schwester
il marito *m.* – **la moglie** *f.*	der Ehemann – die Ehefrau
l'uomo *m.* – **la donna** *f.*	der Mann – die Frau

7. Einige unregelmäßige feminine Personenbezeichnungen sind:

il dio *m.* – **la dea** *f.*, **il re** *m.* – **la regina** *f.*, **lo zar** *m.* – **la zarina** *f.*
der Gott – die Göttin, der König – die Königin, der Zar – die Zarin

4 Numerus: Singular und Plural

Singular und Plural *(singolare e plurale)* werden auch mit *Sg.* und *Pl.* abgekürzt.

1. Maskuline Nomen auf **-o** bilden den Plural auf **-i**. Nomen auf **-io** bilden den Plural auf **-i**, wobei das erste **i** ausfällt: **il dizionario – i dizionari** (das Wörterbuch – die Wörterbücher).

-o ► -i	il ragazzo – i ragazzi	der Junge – die Jungen
	il tavolo – i tavoli	der Tisch – die Tische

2. Maskuline Nomen auf **-co/-go** bilden den Plural auf **-chi/-ghi**. Das **-h-** wird eingeschoben, damit der Lautwert von **c** bzw. **g** erhalten bleibt.

-co ► -chi	il fuoco – i fuochi	das Feuer – die Feuer
	il tedesco – i tedeschi	der Deutsche – die Deutschen
-go ► -ghi	l'albergo – gli alberghi	das Hotel – die Hotels
	il luogo – i luoghi	der Ort – die Orte
Ausnahmen z. B.:	l'amico – gli amici,	der Freund – die Freunde
	il medico – i medici.	der Arzt – die Ärzte

3. Feminine Nomen auf **-a** bilden den Plural auf **-e**.

-a ► -e	la ragazza – le ragazze	das Mädchen – die Mädchen
	la finestra – le finestre	das Fenster – die Fenster

4. Nomen auf **-ca/-ga** bilden den Plural ohne Ausnahme auf **-che/-ghe**: **l'amica – le amiche** (die Freundin – die Freundinnen), **la ruga – le rughe** (die Falte – die Falten). Das **-h-** wird eingeschoben, damit der Lautwert von **c** bzw. **g** erhalten bleibt.

5. Bei femininen Nomen auf **-cia** und **-gia** bleibt das **-i** im Plural erhalten, wenn es betont ist:

la farmacia – le farmacie	die Apotheke – die Apotheken
la bugia – le bugie	die Lüge – die Lügen

Ansonsten bleibt das **-i** erhalten, wenn vor **-cia** und **-gia** ein Vokal steht:

la camicia – le camicie	das Hemd – die Hemden
la ciliegia – le ciliegie	die Kirsche – die Kirschen

Steht vor **-cia** und **-gia** ein Konsonant, fällt das **-i** weg:

la provincia – le province	die Provinz – die Provinzen
la spiaggia – le spiagge	der Strand – die Strände

6. Maskuline Nomen auf **-a** bilden den Plural auf **-i**.

-a ► -i	il dentista – i dentisti	der Zahnarzt – die Zahnärzte
	il poeta – i poeti	der Dichter – die Dichter
Ausnahmen:	il cinema – i cinema,	das Kino – die Kinos
	il gorilla – i gorilla.	der Gorilla – die Gorillas

7. Maskuline und feminine Nomen auf **-e** bilden den Plural auf **-i**.

-e ► -i	il padre – i padri	der Vater – die Väter
	la madre – le madri	die Mutter – die Mütter
	il cane – i cani	der Hund – die Hunde
	la notte – le notti	die Nacht – die Nächte

8. Nomen, die auf Konsonant enden, endbetont, einsilbig oder Abkürzungen sind (z. B. **auto = automobile** – das Auto, **foto = fotografia** – das Foto), sind im Plural unveränderlich.

il bar – i bar	die Bar – die Bars
il film – i film	der Film – die Filme
la città – le città	die Stadt – die Städte
il re – i re	der König – die Könige
l'auto – le auto	das Auto – die Autos
la foto – le foto	das Foto – die Fotos

5 Einige Besonderheiten der Pluralbildung

Einige besondere Pluralbildungen sind z. B.:

l'uomo – gli uomini,	der Mann – die Männer
il dio – gli dei,	der Gott – die Götter
l'uovo – le uova,	das Ei – die Eier
la mano – le mani.	die Hand – die Hände

Einige Nomen haben im Plural zwei Formen – eine maskuline und eine feminine. Die Bedeutung der einen davon ist meist konkreter, die der anderen abstrakter Art.

il braccio	**i bracci (del fiume)**	**le braccia (del corpo)**
der Arm	die Flussarme	die Arme (des Körpers)
il dito	**i diti** (einzeln)	**le dita** (alle zusammen)
der Finger	die Finger	die Finger
il membro	**i membri (del parlamento)**	**le membra (del corpo)**
das Mitglied/Glied	die Mitglieder (des Parlaments)	die Glieder (des Körpers)
il muro	**i muri (della casa)**	**le mura (della città)**
die Wand/Mauer	die Wände (eines Hauses)	die Mauern (einer Stadt)

Bei einigen Nomen wird im Italienischen der Singular gebraucht, wo das Deutsche den Plural verwendet, während einige italienische Nomen nur im Plural verwendet werden, wo das Deutsche den Singular verwendet.

la gente *(Sg.)* – die Leute *(Pl.)* 

l'uva *(Sg.)* – die Trauben *(Pl.)* 

i soldi *(Pl.)* – das Geld *(Sg.)* 

le forbici *(Pl.)* – die Schere *(Sg.)* 

gli occhiali *(Pl.)* – die Brille *(Sg.)* 

i pantaloni *(Pl.)* – die Hose *(Sg.)* 

In den folgenden Abschnitten finden Sie die Wortarten, die wir als „Begleiter" bezeichnen, also Wörter, die in unmittelbarer Verbindung mit dem Nomen eine Wortgruppe bilden können:

- Artikel (der, die, das, ein usw.)
- Possessivbegleiter (mein, unser usw.)
- Demonstrativbegleiter (dieser, jener)
- unbestimmte Begleiter (jemand, einige usw.)
- Fragebegleiter (welcher, was für ein)
- Zahlwörter (zwei, vier, der dritte, sechste usw.)

6 Der Artikel

Betrachten Sie die Bilder und lesen Sie die Sätze. Die fett gedruckten Wörter sind Artikel *(gli articoli)*.

*Platz!

Questo è un cane.
Das ist ein Hund.

Questo è il cane del signor Rossi.
Das ist der Hund von Herrn Rossi.

Der Artikel (auf Deutsch auch Geschlechtswort genannt) kann bestimmt oder unbestimmt sein. Der bestimmte Artikel *(l'articolo determinativo)* begleitet das Nomen und kennzeichnet Personen, Gegenstände oder Sachverhalte, die in einem Gespräch entweder bereits erwähnt wurden oder in der Gesprächssituation als bekannt vorausgesetzt werden: „Das Haus ist groß." Der unbestimmte Artikel *(l'articolo indeterminativo)* wird verwendet, um Personen oder Sachen in eine Mitteilung neu einzuführen: „Er hat sich ein Haus gekauft."

1 Die Formen des bestimmten Artikels

Die Formen des bestimmten Artikels unterscheiden sich im Genus (Geschlecht) nach maskulin und feminin und im Numerus (Zahl) nach Singular und Plural. Außerdem sind sie abhängig von dem Anfangsbuchstaben des Nomens, bei dem der Artikel steht.

	Singular	Plural		
maskulin	il tavolo	i tavoli	der Tisch	die Tische
	lo scolaro	gli scolari	der Schüler	die Schüler
	l'amico	gli amici	der Freund	die Freunde
feminin	la casa	le case	das Haus	die Häuser
	l'amica	le amiche	die Freundin	die Freundinnen

Der bestimmte Artikel maskulin ist im Singular **il**, im Plural **i**.

Vor **s** + Konsonant, anderen Konsonantenverbindungen wie **gn**, **ps** sowie vor **x**, **y** und **z** wird im Singular **lo**, im Plural **gli** gebraucht (z. B.: **gli gnocchi** – die Gnocchi, **lo psicologo** – der Psychologe, **lo sport** – der Sport, **lo xilofono** – der Xylophon, **lo yogurt** – der Joghurt, **lo zaino** – der Rücksack).

Vor Substantiven, die mit einem Vokal beginnen, steht der Artikel **l'** im Singular, **gli** im Plural.

Steht zwischen dem Artikel und dem Nomen ein anderes Wort, richtet sich die Form des Artikels nach Anfangsbuchstaben dieses Wortes (z. B.: lo zaino – il mio zaino, der Rücksack – mein Rücksack).

Der bestimmte Artikel feminin ist im Singular la, im Plural le.
Vor Substantiven, die mit einem Vokal beginnen, steht der Artikel l' im Singular, le im Plural.

2 Der Gebrauch des bestimmten Artikels

Anders als im Deutschen steht der bestimmte Artikel

1. vor Anredeformen und Titeln (wenn über die Person gesprochen wird):

La signora Scicolone lavora alla Telecom.	Frau Scicolone arbeitet bei der Telekom.
Le presento l'avvocato Rossi.	Ich stelle Ihnen den Rechtsanwalt Rossi vor.

2. bei der Angabe der Uhrzeit:

È l'una.	Es ist ein Uhr.
Sono le tre e mezza.	Es ist halb vier.
Aber: È mezzogiorno/mezzanotte.	Es ist Mittag/Mitternacht.

3. vor den Tageszeiten und Wochentagen, wenn die regelmäßige Wiederkehr gemeint ist:

La mattina mi alzo presto.	Morgens stehe ich früh auf.
La domenica non si lavora.	Sonntags arbeitet man nicht.
Aber: Domenica vengo a pranzo da voi.	Am nächsten Sonntag komme ich zu euch zum Essen.

4. vor den Possessivbegleitern (besitzanzeigenden Fürwörtern):

il mio miglior amico	mein bester Freund
i nostri parenti	unsere Verwandten

5. zwischen dem Adjektiv tutto (ganz, alle) und dem folgenden Nomen:

Ha speso tutti i soldi.	Er hat das ganze Geld ausgegeben.
Ho girato tutta l'Europa.	Ich bin in ganz Europa herumgekommen.

6. bei geographischen Angaben:

l'Europa (Europa), **l'America** (Amerika), **l'Italia** (Italien), **la Germania** (Deutschland), **il Mediterraneo** (das Mittelmeer), **l'Adriatico** (die Adria), **il Po** (der Po), **il Tevere** (der Tiber), **le Alpi** (die Alpen), **gli Appennini** (die Apenninen)

außer Ortsnamen: **Amburgo** (Hamburg), **Parigi** (Paris), **Firenze** (Florenz)

7. bei **avere** (haben) + körperlichem Kennzeichen/Merkmal:

Hai **i** capelli neri e **gli** occhi azzurri.	Du hast schwarze Haare und blaue Augen.

8. bei der Angabe von Prozentzahlen:

il cinque per cento (5 %) della popolazione	5 % der Bevölkerung

3 Die Formen des unbestimmten Artikels

Der unbestimmte Artikel kennt wie im Deutschen keine Pluralformen.

	Singular	Plural		
maskulin	**un** libro	**uno** zaino	ein Buch	ein Rücksack
feminin	**una** ragazza	**un'**amica	ein Mädchen	eine Freundin

Der unbestimmte Artikel maskulin Singular ist **un**.

Vor **s** + Konsonant, anderen Konsonantenverbindungen wie **gn**, **ps** sowie vor **x**, **y** und **z** wird **uno** gebraucht (z. B.: **uno specchio** – ein Spiegel, **uno psicologo** – ein Psychologe, **uno xilofono** – ein Xylophon, **uno yogurt** – ein Joghurt).

Der unbestimmte Artikel feminin Singular ist **una**.

Vor femininen Substantiven, die mit einem Vokal beginnen, wird der unbestimmte Artikel mit einem Apostroph abgekürzt: **un'**.

4 Der Gebrauch des unbestimmten Artikels

Der unbestimmte Artikel wird im Allgemeinen wie im Deutschen verwendet. Jedoch fällt er in folgenden Fällen weg, wo er im Deutschen gebraucht wird.

1. Im Ausrufesatz:

Che sorpresa!
Was für eine Überraschung!
Che bella casa!
Was für ein schönes Haus!

2. Vor mezzo (halb):

	tra mezz'ora	in einer halben Stunde
aber:	tra una mezz'ora	in ungefähr einer halben Stunde

3. In bestimmten Wendungen:

fare bella/brutta figura	eine gute/schlechte Figur machen
È questione di tempo.	Es ist eine Frage der Zeit.
Prendi esempio da me.	Nimm dir ein Beispiel an mir.

4. In Verbindung mit Zahlen in der Verkleinerungsform bedeutet der unbestimmte Artikel „ungefähr":

una decina di ragazzi	ungefähr zehn Jungen
una ventina di libri	ungefähr zwanzig Bücher

5 Der partitive Artikel / Teilungsartikel

Die Verbindung **di** + bestimmter Artikel gibt eine unbestimmte Menge oder einen Teil des Ganzen an.

Vorrei **delle** olive e **del** prosciutto. Ho comprato **dei** dischi.
Ich möchte (einige) Oliven und (ein bisschen) Schinken. Ich habe (einige) Schallplatten gekauft.

Die Präposition **di** verschmilzt mit dem Artikel zu einer Einheit:

		maskulin	feminin
Singular	di +	il ► del lo ► dello l' ► dell'	la ► della l' ► dell'
Plural	di +	i ► dei gli ► degli	le ► delle

Zu den Verschmelzungen von anderen Präpositionen mit dem Artikel ► NR. 36.

Die Pluralformen des partitiven Artikels *(l'articolo partitivo)* können wie Pluralformen des unbestimmten Artikels verwendet werden und können im Deutschen mit „einige“, „etwas“ wiedergegeben werden.

una bicicletta	delle biciclette	ein Fahrrad	Fahrräder
un regalo	dei regali	ein Geschenk	Geschenke

Ohne bestimmten Artikel wird **di** verwendet, wenn eine genauere Mengenangabe vorangestellt ist.

un chilo **di** farina	ein Kilo Mehl
due etti **di** prosciutto	200 Gramm Schinken
mezzo litro **di** latte	ein halber Liter Milch
un paio **di** scarpe	ein Paar Schuhe
un po' **di** sale	ein bisschen Salz

Nach Mengenangaben wie **poco** (wenig), **tanto** (viel), **molto** (viel) und nach Verneinungen entfällt der Teilungsartikel.

Ho **poco** tempo.	Ich habe wenig Zeit.
Ho **tanta** voglia di mangiare un panino.	Ich habe große Lust, ein Sandwich zu essen.
Hai **molti** amici?	Hast du viele Freunde?
Non leggo **mai** riviste.	Ich lese nie Zeitschriften.

7 Die Possessivbegleiter

Der Possessivbegleiter *(l'aggettivo possessivo)* zeigt an, wem etwas gehört oder in welchem Verhältnis die erwähnten Personen oder Sachverhalte zueinander stehen.

- È il **Suo** gatto?
  Ist das Ihre Katze?
- No, il mio non mangia mai gli uccelli. E il Suo, dov'è? — Nein, meine isst nie Vögel. Und Ihre, wo ist sie?
- Il **mio** gatto è a casa. — Meine Katze ist zu Hause.

1 Die Formen des Possessivbegleiters

Possessivbegleiter + „Besitz“			
Singular		Plural	
maskulin	feminin	maskulin	feminin
il mio libro mein Buch	**la mia casa** mein Haus	**i miei libri** meine Bücher	**le mie case** meine Häuser
il tuo libro dein Buch	**la tua casa** dein Haus	**i tuoi libri** deine Bücher	**le tue case** deine Häuser
il suo libro sein/ihr Buch	**la sua casa** sein/ihr Haus	**i suoi libri** seine/ihre Bücher	**le sue case** seine/ihre Häuser
il Suo libro Ihr Buch	**la Sua casa** Ihr Haus	**i Suoi libri** Ihre Bücher	**le Sue case** Ihre Häuser
il nostro libro unser Buch	**la nostra casa** unser Haus	**i nostri libri** unsere Bücher	**le nostre case** unsere Häuser
il vostro libro euer Buch	**la vostra casa** euer Haus	**i vostri libri** eure Bücher	**le vostre case** eure Häuser
il loro libro ihr Buch	**la loro casa** ihr Haus	**i loro libri** ihre Bücher	**le loro case** ihre Häuser

Die Possessivbegleiter werden anders als im Deutschen nicht an das Geschlecht des Besitzers angeglichen (**il suo libro** – sein Buch / ihr Buch). Sie richten sich aber nach dem Geschlecht und der Zahl des Nomens, das den Besitz angibt (**il mio indirizzo** – meine Adresse, **la nostra macchina** – unser Auto, **i vostri figli** – eure Kinder, **le tue penne** – deine Kugelschreiber). Nur **loro** bleibt unverändert.

Possessivbegleiter der Höflichkeitsform werden großgeschrieben.

Grazie per la Sua lettera.	Danke für Ihren Brief.

Für gewöhnlich steht der Possessivbegleiter vor dem Nomen. In Ausrufen und zur besonderen Hervorhebung kann er in seltenen Fällen auch nach dem Nomen stehen.

Mamma mia!	Ach du meine Güte!
Amore mio!	Meine Liebe!
Dio mio!	Mein Gott!

2 Der Gebrauch des Possessivbegleiters mit Artikel

Der Possessivbegleiter wird anders als im Deutschen gewöhnlich mit dem bestimmten Artikel verwendet.

la nostra professoressa, il nostro ufficio, le loro piante
unsere Lehrerin, unser Büro, ihre Pflanzen

Der Artikel entfällt:

1. vor Verwandtschaftsbezeichnungen im Singular

	mio padre, tua sorella	mein Vater, deine Schwester
aber:	il mio papà, la mia mamma (Kosenamen)	mein Papa, meine Mama

Wenn zwischen dem Possessivbegleiter und dem Nomen noch ein Adjektiv steht, wird immer der Artikel gebraucht:

la mia cara sorella — meine liebe Schwester

Wird die Verwandtschaftsbezeichnung mit einem Suffix erweitert, wird ebenfalls der Artikel gebraucht:

il mio fratellino — mein kleiner Bruder

Die Form loro steht immer mit Artikel, wenn sie vor dem Nomen vorkommt:

la loro madre — ihre Mutter

Im Plural steht der Possessivbegleiter immer mit Artikel:

le mie sorelle — meine Schwestern

2. bei der Anrede

mio caro Antonio	mein lieber Antonio
mia cara Angela	meine liebe Angela

3. bei einigen Ausrufen und Redewendungen

Amore mio! Amico mio!	Meine Liebe! Mein Freund!
a casa mia, a casa nostra, a casa loro	bei mir zu Hause, bei uns zu Hause, bei ihnen zu Hause

4. Bei unpersönlichen Konstruktionen benutzt man den Possessivbegleiter proprio (eigen).

Bisogna rispettare i propri genitori. — Man muss seine eigenen Eltern respektieren.

Proprio wird auch verwendet, um Mißverständnisse zu vermeiden, wenn nicht klar ist, wer der „Besitzer" in einem Satz ist:

> **Franco ha parlato con il direttore nel proprio ufficio.**
> Franco hat mit dem Direktor in seinem eigenen Büro gesprochen.

8 Die Demonstrativbegleiter

Die Demonstrativbegleiter *(gli aggettivi dimostrativi)* kennzeichnen eine räumliche oder zeitliche Beziehung zum Sprecher und verweisen direkt auf Gegenstände, Sachverhalte oder Personen, die vorher im Gespräch erwähnt wurden oder auf die in einer Gesprächssituation gezeigt wird.

questo (diese/r/s) näher beim Sprecher
quello (jene/r/s) weiter entfernt vom Sprecher

Quella maglietta ti stava meglio.	Jenes T-Shirt passte dir besser.
Preferisci **questo** o **quel** formaggio?	Hast du diesen oder jenen Käse lieber?
Quest'estate andiamo a Roma.	Diesen Sommer fahren wir nach Rom.

Die Demonstrativbegleiter passen sich in Genus und Numerus an das Nomen an.

	maskulin	feminin
Singular	**questo** bambino dieses Kind	**questa** nave dieses Schiff
Plural	**questi** bambini diese Kinder	**queste** navi diese Schiffe

Die Endungen von **quello** entsprechen denen des bestimmten Artikels:

	maskulin		feminin	
Singular	il quadro das Bild	**quel** quadro jenes Bild	la bambina das Kind	**quella** bambina jenes Kind
	l'amico der Freund	**quell'**amico jener Freund	l'amica die Freundin	**quell'**amica jene Freundin
	lo scolaro der Schüler	**quello** scolaro jener Schüler		

	maskulin		feminin	
Plural	i quadri die Bilder	**quei** quadri jene Bilder	le bambine die Kinder	**quelle** bambine jene Kinder
	gli amici die Freunde	**quegli** amici jene Freunde	le amiche die Freundinnen	**quelle** amiche jene Freundinnen
	gli scolari die Schüler	**quegli** scolari jene Schüler		

Vgl. die Demonstrativpronomen ► Nr. 17.

9 Die unbestimmten Begleiter

Die meisten unbestimmten Begleiter *(gli aggettivi indefiniti)* bezeichnen unbestimmte Mengen. Auch wenn sie wie z. B. der Begriff „alle" eine Gesamtheit bezeichnen, ist die konkrete Menge doch nicht benannt.
Werden die Begleiter pronominal gebraucht, d.h. ohne Nomen, spricht man von pronominalen Begleitern oder Indefinitpronomen. (► Nr. 18)

1 Adjektivische unbestimmte Begleiter

In Verbindung mit einem Nomen spricht man von einem adjektivischen Gebrauch der Begleiter. Diese passen sich an Genus und Numerus des Nomens an. Zu ihnen gehören:

alcuno (kein), altrettanto (ebenso viel), alquanto (etwas), altro (andere/r/s), certo (gewiss), molto (viel), parecchio ((ziemlich) viel), poco (wenig), tale (solch), taluno (manche), tanto (viel), troppo (zu viel), tutto (ganz/alle ► Nr. 9.2).

Ci sono **molti** libri.	Es gibt viele Bücher.
Ho **tante** cose da dirti.	Ich habe dir viele Sachen zu erzählen.
Hai invitato **tutti** i tuoi amici?	Hast du alle deine Freunde eingeladen?

Die Begleiter ciascuno (jede/r/s), nessuno (niemand), ogni (jede/r/s), qualche (einige ► Nr. 9.3), qualsiasi (irgendein/e) und qualunque (irgendwelche/r/s) werden nur im Singular gebraucht.
Nessuno verlangt eine doppelte Verneinung, wenn es nach einem Verb steht:

Non vedo **nessun** motivo per farlo.
Ich sehe keinen Grund, das zu machen.

Non ho **nessuna** voglia di andare al concerto stasera.
Ich habe keine Lust, heute Abend ins Konzert zu gehen.
Rimango **qualche** mese a Napoli.
Ich bleibe einige Monate in Neapel.
Dice **ogni** volta la stessa cosa.
Er sagt jedes Mal das Gleiche.

2 *Tutto*

Beim adjektivischen Gebrauch von **tutti** ist zu beachten, dass – anders als im Deutschen – zwischen **tutti** und dem Nomen der bestimmte Artikel steht.

Tutti gli amici di Dario sono venuti a trovarlo.
Alle Freunde von Dario sind gekommen, ihn zu besuchen.
Ha mangiato **tutte** le banane.
Er hat alle Bananen gegessen.

Die Bedeutungen von **tutto** werden im Deutschen unterschiedlich wiedergegeben:

tutto il giorno	den ganzen Tag
tutti i giorni	jeden Tag
tutti i fiori	alle Blumen

Bei adjektivischem Gebrauch bedeutet **tutto** im Singular „ganz", im Plural „alle" oder „jeder", „jede", „jedes".

3 *Qualche*

Qualche steht immer mit einem Nomen im Singular und wird im Deutschen mit „einige" wiedergegeben.

qualche libro	einige Bücher
qualche ragazza	einige Mädchen

Qualche ragazza ist gleichbedeutend mit **alcune ragazze** (einige Mädchen).

4 Einige Redewendungen mit unbestimmten Begleitern

altro	da un momento all'altro	jeden Moment
	l'altro giorno	neulich
	l'altro ieri	vorgestern
certo	per un certo periodo	für eine gewisse Zeit
	una certa signora Satti	eine gewisse Frau Satti

nessuno	da nessuna parte	nirgendwo
	senza nessun motivo	ohne jeden Grund
	nessun problema	kein Problem
ogni	in (ad) ogni modo	jedenfalls
	ogni tanto	ab und zu
poco	tra pochi minuti	in wenigen Minuten
qualche	da qualche parte	irgendwo
	in qualche modo	irgendwie
	qualche cosa	etwas
qualsiasi	una persona qualsiasi	irgendjemand
qualunque	un uomo qualunque	ein Mann von der Straße
tale	un tale Massimo	ein gewisser Massimo
tanto	tanta gente	viele Leute
	tanto tu che lui	sowohl du als auch er
troppo	troppa gente	zu viele Leute
tutto	a tutta forza	mit ganzer Kraft
	a tutto gas	mit Vollgas
	a tutto vapore	mit Volldampf
	con tutta probabilità	aller Wahrscheinlichkeit nach
	di tutto cuore	von ganzem Herzen
	essere tutt'orecchi	ganz Ohr sein
	in tutta segretezza	ganz heimlich
	una volta per tutte	ein für alle Mal

10 Die Fragebegleiter

Fragebegleiter können Adjektive sein, wenn sie in Verbindung mit einem Nomen stehen. Werden sie pronominal gebraucht, d.h. isoliert, ohne Nomen, spricht man von Fragepronomen.

1 *Che*

Che fragt nach der Art oder Eigenschaft von Personen, Gegenständen und Sachverhalten. Che ist in Singular und Plural unveränderlich.

Che giornale cerchi?	Welche Zeitung suchst du?
A **che** ora sei arrivato?	Um wie viel Uhr bist du angekommen?
Di **che** colore è il tuo abito?	Welche Farbe hat dein Anzug?

2 *Quale*

Quale ist bedeutungsgleich mit **che** (► Nr. 10.1), gehört allerdings der gehobenen Sprache an. In der gesprochenen Sprache wird **che** bevorzugt.

Die Pluralform von **quale** ist **quali**.

Quale vestito preferisci?	Welches Kleid hast du lieber?
A **quali** domande vuoi rispondere?	Welche Fragen möchtest du beantworten?
Da **quale** città vieni?	Aus welcher Stadt kommst du?

3 *Quanto*

Quanto fragt nach der Menge oder Anzahl von Personen, Gegenständen oder Sachverhalten. **Quanto** passt sich in Genus und Numerus an das Nomen an, auf das es sich bezieht. Die Formen sind: **quanto** *(m./Sg.)*, **quanta** *(f./Sg.)*, **quanti** *(m./Pl.)*, **quante** *(f./Pl.)*.

Quanto tempo hai impiegato?	Wie lange hast du gebraucht?
Quanta pasta vuoi?	Wie viele Nudeln möchtest du haben?
Quanti soldi hai speso?	Wie viel Geld hast du ausgegeben?
Quante volte sei stata in Germania?	Wie oft bist du in Deutschland gewesen?

4 Fragebegleiter in Ausrufesätzen

Die Fragebegleiter können in Ausrufesätzen zur Unterstreichung oder Ironisierung benutzt werden. **Quale** ist allerdings veraltet, ihm wird **che** vorgezogen.

Che ingiustizia!	Was für eine Ungerechtigkeit!
Quanti soldi!	Wie viel Geld!

11 Die Zahlwörter

1 Kardinalzahlen

Mit Kardinalzahlen *(numerali cardinali)* kann die Anzahl von Personen, Gegenständen und Sachverhalten bestimmt werden.

Ci siamo visti **due** volte.	Wir haben uns zweimal gesehen.
Tra **dieci** giorni parto per l'Italia.	In zehn Tagen fahre ich nach Italien.

0	zero	10	dieci	20	venti	30	trenta
1	uno	11	undici	21	ventuno	31	trentuno
2	due	12	dodici	22	ventidue	32	trentadue
3	tre	13	tredici	23	ventitré	33	trentatré
4	quattro	14	quattordici	24	ventiquattro	34	trentaquattro
5	cinque	15	quindici	25	venticinque	35	trentacinque
6	sei	16	sedici	26	ventisei	36	trentasei
7	sette	17	diciassette	27	ventisette	37	trentasette
8	otto	18	diciotto	28	ventotto	38	trentotto
9	nove	19	diciannove	29	ventinove	39	trentanove

10	dieci	100	cento	1.000	mille
20	venti	200	duecento	2.000	duemila
30	trenta	300	trecento	10.000	diecimila
40	quaranta	400	quattrocento	100.000	centomila
50	cinquanta	500	cinquecento	103.003	centotremilatré
60	sessanta	600	seicento	1.000.000	un milione
70	settanta	700	settecento	2.000.000	due milioni
80	ottanta	800	ottocento	1.000.000.000	un miliardo
90	novanta	900	novecento	3.000.000.000	tre miliardi

Die Kardinalzahlen sind unveränderlich. Lediglich die folgenden kennen eine Plufalform:

zero – zeri, mille – mila, milione – milioni, miliardo – miliardi.
Null – Nullen, Tausend – Tausende, Million – Millionen, Milliarde – Milliarden.

Sie werden wie Substantive behandelt. Uno hat als einzige Kardinalzahl eine feminine Form: una.

1. Auf -uno endende Kardinalzahlen können das auslaufende -o vor Nomen bzw. Nomen-Adjektiv-Gruppen verlieren (nicht aber vor j, s + Konsonant, x, y oder z).

quarantun anni — 41 Jahre

2. In Zusammensetzungen mit uno und otto verlieren die Zehner den Endvokal.

ventuno, sessantotto — 21, 68
aber: milleuno — 1001

3. Steht in Zusammensetzungen **tre** am Ende einer Kardinalzahl, erhält das auslaufende **-e** einen Akzent: **-é**.

trentatré	33

4. Auf **milione** und **miliardo** folgende Nomen werden mit **di** angeschlossen.

due milioni di euro	zwei Millionen Euros
quattro miliardi di euro	vier Milliarden Euros

2 Gebrauch der Kardinalzahlen

Bei Daten werden der Tag und das Jahr mit der Kardinalzahl ausgedrückt. Eine Ausnahme bildet jeweils der erste Tag eines Monats, der mit der Ordinalzahl **il primo** (der erste) bezeichnet wird (► Nr. 11.4). Vom Jahr 1200 bis zum Jahr 1999 können – besonders in der Geschichts- und Kunstgeschichtsschreibung – die Jahrhunderte bezeichnet werden, indem man die Hunderter zählt. So entspricht **il Quattrocento** dem 15. Jahrhundert. (► Nr. 11.4)

	il **quindici** giugno millenovecentosettanta	der 15. Juni 1970
aber:	il **primo** maggio	der erste Mai
	il Quattrocento (1400–1499)	das 15. Jahrhundert

Bei der Uhrzeit werden Stunden, Minuten und Sekunden mit Kardinalzahlen wiedergegeben.

sono le **due** e **trentacinque**	es ist 2.35 Uhr

3 Unbestimmte Zahlen

Einige Kardinalzahlen kommen in Redewendungen vor und bezeichnen nicht die genaue Anzahl.

fare **due**/**quattro** passi	einen kleinen Spaziergang machen
prendi le tue **quattro** cose	pack deine Siebensachen
fare **due**/**quattro** chiacchiere	plaudern
quattro gatti	wenige Personen
te l'ho detto **cento**/**mille** volte	ich habe es dir hundertmal/tausendmal gesagt

Die Zehner können durch Anhängen von **-ina** die Bedeutung „ungefähr" annehmen.

Ci siamo visti una **ventina** di volte.	Wir haben uns ungefähr 20-mal gesehen.
Compra una **decina** di pomodori.	Kauf ungefähr 10 Tomaten!

Unbestimmte Zahlwörter sind:

un **paio** di	zwei oder ein paar
una **decina**	ca. 10
una **dozzina**	12 oder ca. 12
una **quindicina**	ca. 15
una **ventina**	ca. 20

usw.

un **centinaio**	ca. 100
centinaia di bambini	Hunderte von Kindern
un **migliaio**	ca. 1000
migliaia di fiori	Tausende von Blumen

4 Ordinalzahlen

Ordinalzahlen (Ordnungszahlen, *numerali ordinali*) bezeichnen die genaue Situierung einer Person, eines Gegenstandes oder Sachverhaltes innerhalb einer Reihenfolge oder Rangordnung von Ereignissen oder in einem hierarchischen System.

Ci siamo visti la **prima** volta a Parigi.
Wir haben uns das erste Mal in Paris gesehen.
È arrivato **tredicesimo** alle Olimpiadi.
Er ist 13. bei den olympischen Spielen geworden.
Il Presidente è il **primo** cittadino.
Der Präsident ist der erste Bürger.

1°	primo	11°	undicesimo	21°	ventunesimo
2°	secondo	12°	dodicesimo	22°	ventiduesimo
3°	terzo	13°	tredicesimo	23°	ventitreesimo
4°	quarto	14°	quattordicesimo	24°	ventiquattresimo
5°	quinto	15°	quindicesimo	25°	venticinquesimo
6°	sesto	16°	sedicesimo	26°	ventiseiesimo
7°	settimo	17°	diciassettesimo	27°	ventisettesimo
8°	ottavo	18°	diciottesimo	28°	ventottesimo
9°	nono	19°	diciannovesimo	29°	ventinovesimo
10°	decimo	20°	ventesimo	30°	trentesimo

10°	decimo	40°	quarantesimo	70°	settantesimo
20°	ventesimo	50°	cinquantesimo	80°	ottantesimo
30°	trentesimo	60°	sessantesimo	90°	novantesimo

100°	centesimo	2.000°	duemillesimo
101°	centunesimo	1.000.000°	milionesimo
200°	duecentesimo	1.000.000.000°	miliardesimo
1.000°	millesimo		

1. Um die übrigen Ordinalzahlen zu bilden, ersetzt man bei den Kardinalzahlen den Endvokal durch das Suffix **-esimo**. Achtung: Bei **tre** und **sei** bleibt der Endvokal erhalten, also 93° **novantatreesimo**, 56° **cinquantaseiesimo**.

2. Die Ordnungszahlen sind veränderlich nach dem Genus des Nomens, auf das sie sich beziehen.

il **terzo** figlio	der dritte Sohn
la **terza** figlia	die dritte Tochter
è arrivata **trentatreesima**	sie ist 33. geworden

3. Anders als im Deutschen wird bei Ordnungszahlen kein Punkt, sondern der Endvokal (bei der maskulinen Form ein **o**, bei der femininen Form ein **a**) hochgestellt hinter dic Ziffer gesetzt.

4°	quarto
4ª	quarta

4. Ordinalzahlen werden für römische Zahlen in Namen (z. B. bei Königen und Päpsten) verwendet:

Federico II (secondo)	Friedrich der Zweite
Paolo VI (sesto)	Paul der Sechste

5. Bei der Angabe des Jahrhunderts werden römische Ziffern ohne Angabe des Endvokals gebraucht. Von 1200 bis 1999 können die Jahrhunderte durch die Hunderter-Kardinalzahl in Großschreibung bezeichnet werden: **il XVI secolo = il Cinquecento** (der 16. Jahrhundert). (► Nr. 11.2)

XVI secolo	sedicesimo secolo (1500–1599)	der 16. Jahrhundert
XX secolo	ventesimo secolo (1900–1999)	der 20. Jahrhundert

5 Vervielfachungen

Multiplikativa (Vervielfältigungszahlen) geben einerseits an, um wie viel größer eine Menge als eine andere ist, andererseits aus wie vielen Teilen etwas besteht. Für diese Unterscheidung, die im Deutschen nur bei der Zahl zwei gemacht wird (doppelt – zweifach), kennt das Italienische für die Zahlen 2–4 zwei verschiedene Vervielfachungszahlen.

un Martini **doppio** ein doppelter Martini	in **duplice** copia in zweifacher Kopie
salto **triplo** Dreisprung	la **Triplice** Alleanza der Dreibund

wie viel größer?		aus wie vielen Teilen?	
–	–	semplice	einfach
doppio	doppelt	duplice	zweifach
triplo	dreifach	triplice	dreifach
quadruplo	vierfach	quadruplice	vierfach

Die Bedeutung „Wie oft?" wird mit der Kombination Kardinalzahl + **volta/volte** ausgedrückt. Also: **Ci siamo visti tre volte** (Wir haben uns dreimal gesehen). Insbesondere für Zeitungen und Zeitschriften, die in regelmäßigen Abständen erscheinen, gibt es besondere Zahlwörter, die die Häufigkeit ihres Erscheinens anzeigen:

giornale/quotidiano	täglich
settimanale	wöchentlich
mensile	monatlich
annuale	jährlich
bisettimanale	zweimal in der Woche
quindicinale	alle zwei Wochen
bimensile	alle zwei Monate

6 Brüche

Für die Bildung der Bruchzahlen werden die Ordinalzahlen gebraucht. (► Nr. 11.4)

$1/2$	un mezzo, la metà	die Hälfte	$1/4$	un quarto	ein Viertel
$3/4$	tre quarti	drei Viertel	$5/9$	cinque noni	fünf Neuntel
$3/5$	tre quinti	drei Fünftel	$2/3$	due terzi	zwei Drittel
$6/7$	sei settimi	sechs Siebtel	$1/10$	un decimo	ein Zehntel

sono le due e **mezzo**	es ist halb drei
un quarto di litro	ein Viertel Liter
la metà del mio stipendio	die Hälfte meines Lohnes

7 Kollektivzahlen

Kollektivzahlen fassen aus mehreren Einzelteilen bestehende Gruppen oder Zeitabschnitte zusammen.

biennio	Zeitraum von 2 Jahren	bimestre	Zeitraum von 2 Monaten
triennio	Zeitraum von 3 Jahren	trimestre	Zeitraum von 3 Monaten
quadriennio	Zeitraum von 4 Jahren	duo/duetto	Gruppe von 2 Menschen
quinquennio	Zeitraum von 5 Jahren	trio	Gruppe von 3 Menschen
decennio	Zeitraum von 10 Jahren	quartetto	Gruppe von 4 Menschen
ventennio	Zeitraum von 20 Jahren	quintetto	Gruppe von 5 Menschen
secolo	Zeitraum von 100 Jahren	sestetto	Gruppe von 6 Menschen

nell'ultimo **trimestre**	in den letzen drei Monaten
un **secolo** fa	vor einem Jahrhundert / im letzten Jahrhundert
nel primo **biennio**	in den ersten zwei Jahren
il **quartetto** jazz	das Jazz-Quartett

8 Rechenarten

Quanto fa nove **più** sei?	$9+6=?$	Was macht 9 plus 6?
Quanto fa sette **meno** tre?	$7-3=?$	Was macht 7 minus 3?
Uno virgola cinque **per** quattro fa sei.	$1{,}5 \times 4=6$	1,5 mal 4 macht 6.
Trenta **diviso** due fa quindici.	$30:2=15$	30 durch 2 macht 15.
Cinque **al quadrato** fa venticinque.	$5^2=25$	5 im Quadrat macht 25.
Due **al cubo** fa otto.	$2^3=8$	2 hoch 3 macht 8.
Tre **(elevato) alla quarta potenza** fa ottantuno.	$3^4=81$	3 in die vierte Potenz erhoben macht 81.

12 Das Adjektiv

Adjektive (Eigenschaftswörter, *aggettivi*) sind Begleiter, die das Nomen durch die Angabe von Eigenschaften, Merkmalen usw. differenzierter bestimmen. Adjektive sind veränderliche Wörter. Sie richten sich in Genus und Numerus nach dem Nomen, auf das sie sich beziehen.

una **buona** notizia	eine gute Nachricht
un ragazzo **intelligente**	ein intelligenter Junge
Tiziana è **italiana**.	Tiziana ist Italienerin.

1 Die Angleichung der Adjektive

Es gibt zwei Gruppen von Adjektiven im Italienischen: Adjektive auf -o und Adjektive auf -e.

un uomo **alto**	ein großer Mann
una ragazza **gentile**	ein freundliches Mädchen

1. Adjektive auf -o richten sich in Genus und Numerus nach dem Nomen und können vier verschiedene Endungen haben.

	Singular	Plural
maskulin	-o	-i
feminin	-a	-e

Giuseppe è biond**o**.	Giuseppe ist blond.
Emma è biond**a**.	Emma ist blond.
Quei ragazzi sono biond**i**.	Die Jungen da sind blond.
Quelle ragazze sono biond**e**.	Die Mädchen da sind blond.

2. Adjektive auf -e richten sich nur im Numerus nach dem Nomen und können zwei verschiedene Endungen haben.

	Singular	Plural
maskulin	-e	-i
feminin	-e	-i

Franco è intelligente. — Franco ist intelligent.
Maria è intelligente. — Maria ist intelligent.
Quei ragazzi sono intelligenti. — Die Jungen da sind intelligent.
Quelle ragazze sono intelligenti. — Die Mädchen da sind intelligent.

3. Adjektive bilden den Plural nach den gleichen Regeln wie das Nomen. (► Nr. 5.4)

4. Bei der Angleichung der Adjektive ist zu beachten, dass es Nomen gibt, deren Genus oder Numerus man nicht an der Endung erkennt. Es handelt sich also nicht um eine äußerliche Angleichung des Adjektivs an das Nomen, sondern um eine grammatikalische.

una bella mano — eine schöne Hand
un poeta conosciuto — ein bekannter Dichter
i bar eleganti — die eleganten Bars

2 *Bello, buono, grande, santo*

Eine Reihe von Adjektiven haben Sonderformen.

1. Bello (schön)

Steht bello vor dem Nomen, verhalten sich seine Endungen wie die des bestimmten Artikels. (► Nr. 6.1)

	vor Konsonant	vor Vokal	vor j, ps, gn, s + Konsonant und z
maskulin Singular	un **bel** ragazzo ein schöner Junge	un **bell'**albero ein schöner Baum	un **bello** spettacolo eine schöne Aufführung
maskulin Plural	**bei** ragazzi schöne Jungen	**begli** alberi schöne Bäume	**begli** spettacoli schöne Aufführungen

Die feminine Form **bella** kann vor Vokal apostrophiert werden.

una bell'amica	eine schöne Freundin
una bella idea	eine schöne Idee

2. **Buono** (gut)

Steht **buono** (maskulin Singular) vor einem Nomen, verhält es sich wie der unbestimmte Artikel. (► NR. 6.3)

un buon gelato	ein gutes Eis
un buon albergo	ein gutes Hotel
un buono zaino	ein guter Rücksack

Die feminine Form **buona** kann vor einem Vokal apostrophiert werden.

una buon'amica	eine gute Freundin
una buona idea	eine gute Idee

3. **Grande** (groß)

Grande kann im Singular vor dem Nomen zu **gran** verkürzt werden. Vor Wörtern, die mit einem Vokal beginnen, kann das **-e** von **grande** ausfallen und **grand'** mit Apostroph stehen. Vor **j**, **gn**, **ps**, **s** + Konsonant, **x**, **y** und **z** steht jedoch immer **grande**.

un grande/gran libro, un grande/gran politico
ein großes Buch, ein großer Politiker
un grande/grand'amico, una grande/grand'occasione
ein guter Freund, eine große Gelegenheit
aber: **una grande stima, un grande psichiatra**
Hochachtung, ein großer Psychiater

4. **Santo** (heilig)

Vor Konsonanten wird **santo** zu **san** verkürzt, nicht aber vor **s** + Konsonant. Vor einem Vokal werden **santo** und **santa** apostrophiert.

San Francesco	**Santa Maria**	Heiliger Franziskus	Heilige Maria
Santo Stefano		Heiliger Stefan	
Sant'Antonio	**Sant'Anna**	Heiliger Antonio	Heilige Anna

3 Unveränderliche Adjektive

Einige wenige Adjektive sind unveränderlich. Zu ihnen gehören **blu** (blau), **indaco** (indigoblau), **lilla** (lila), **rosa** (rosa), **viola** (violett), **beige** (beige), **chic** (schick), **pari** (gerade), **dispari** (ungerade), **arrosto** (gebraten). Ebenso unveränderlich sind zusammengesetzte Farbbezeichnungen. Ausnahme: substantivierte Farbzusammensetzungen, wie sie häufig bei Fußballvereinen anzutreffen sind: **i rossoneri** (die „Rot-Schwarzen" = AC Milan).

una maglietta blu	ein blaues T-Shirt
una donna chic	eine elegante Frau
due polli arrosto	zwei Brathähnchen
una camicia rosso scuro	ein dunkelrotes Hemd
cravatte giallo verde	grün gelbe Krawatten

4 Die Stellung des Adjektivs

Adjektive werden – anders als im Deutschen – hinter das Nomen gestellt. Die Voranstellung bringt eine Hervorhebung mit sich. Adjektive können als Begleiter des Nomens oder als Teil des Prädikats (**è bella** – sie ist schön) verwendet werden. In beiden Fällen richten sie sich in Genus und Numerus nach dem Nomen, auf das sie sich beziehen.

un ragazzo interessante	ein interessanter Junge
un armadio antico	ein alter Schrank
La ragazza è bella.	Das Mädchen ist schön.

Folgende Adjektive haben unterschiedliche Bedeutungen, je nachdem, ob sie vor oder hinter dem Nomen stehen:

	vor dem Nomen	hinter dem Nomen
bravo	una brava figlia eine gute Tochter	una figlia brava eine tüchtige Tochter
buono	un buon amico ein guter Freund	un uomo buono ein gutherziger Mann
caro	una cara amica eine liebe Freundin	un tavolo caro ein teurer Tisch
certo	un certo Franco ein gewisser Franco	un successo certo ein sicherer Erfolg
curioso	una curiosa ragazza ein seltsames Mädchen	una ragazza curiosa ein neugieriges Mädchen

diverso	diverse cose mehrere Sachen	cose diverse unterschiedliche Sachen
grande	una gran casa ein großartiges Haus	una casa grande ein großes Haus
nuovo	un nuovo libro ein neu erschienenes Buch	un libro nuovo ein neues Buch, noch verpackt
povero	una povera donna eine bedauernswerte Frau	una donna povera eine mittellose Frau
semplice	una semplice storia nur eine Geschichte	una storia semplice eine einfache Geschichte
solo	un solo uomo ein einziger Mann	un uomo solo ein allein stehender / einsamer Mann

5 Vergleich und Steigerung des Adjektivs

1. Besteht beim Vergleich von zwei Personen oder Gegenständen eine Gleichheit (z. B. „genauso schön wie"), so steht das Adjektiv im Positiv, d.h. der Wörterbuchform des Adjektivs. Besteht ein Unterschied zwischen ihnen (z. B. „schöner als"), so steht das Adjektiv im Komparativ *(comparativo)*. Hat eine Person oder ein Gegenstand eine Eigenschaft am meisten von allen beim Vergleich herangezogenen Personen oder Gegenständen (z. B. „am schönsten"), so steht das Adjektiv im relativen Superlativ *(superlativo relativo)*. Will man einer Person oder einem Gegenstand ohne Vergleich mit anderen eine besonders ausgeprägte Eigenschaft zusprechen (z. B. „sehr" oder „äußerst schön"), so steht das Adjektiv im absoluten Superlativ *(superlativo assoluto)*.

Positiv

Maria è **bella come** Linda.
Maria ist so schön wie Linda.

Komparativ

Eduardo è **più pigro di** Massimo.
Eduardo ist fauler als Massimo.

relativer Superlativ

Angelica è **la più alta di** tutti.
Angelica ist die größte von allen.

absoluter Superlativ

Valeria è **bellissima**.
Valeria ist sehr schön.

2. Eine Gleichheit kann entweder mit **(così) ... come** oder mit **(tanto) ... quanto** ausgedrückt werden.

Lui è (così) alto come lei.	Er ist so groß wie sie.
È (tanto) intelligente quanto simpatico.	Er ist ebenso intelligent wie sympathisch.

3. Bei Personennamen, Nomen und Pronomen wird beim Vergleich die Präposition **di** verwendet. Die Form **più/meno** + Adjektiv nennt man Komparativ.

Simone è più alto di Sandro.	Simone ist größer als Sandro.
Bologna è meno grande di Milano.	Bologna ist weniger groß als Mailand.
In Germania il vino è più caro della birra.	In Deutschland ist Wein teurer als Bier.
Io sono meno ordinato di te.	Ich bin weniger ordentlich als du.

4. Bei Verben, Adjektiven, Adverbien und Nomen (mit Bezug auf eine Menge) wird beim Vergleich die Konjunktion **che** verwendet.

È più bello mangiare che cucinare.	Essen ist schöner als Kochen.
Andrea è più robusto che grasso.	Andrea ist eher kräftiger gebaut als dick.
È più ragionevole farlo oggi che domani.	Es ist vernünftiger, es heute als morgen zu machen.
Qui c'è più fumo che aria.	Hier gibt es mehr Rauch als Luft.

5. Mit Artikel + Komparativ (**più/meno** + Adjektiv) wird der relative Superlativ gebildet. Wenn ein Relativsatz nach einem Superlativ folgt, steht das

Prädikat des Relativsatzes im Konjunktiv. (zum Gebrauch des Konjunktivs ► NR. 25; zur Angleichung des Partizips ► NR. 24.2)

È il libro più interessante (che io abbia mai letto).
Es ist das interessanteste Buch (, das ich je gelesen habe).
È la donna più bella (che io abbia visto/vista).
Es ist die schönste Frau (, die ich jemals gesehen habe).
Sono i fiori meno cari (che io abbia mai comprato).
Es sind die billigsten Blumen (, die ich je gekauft habe).

6. Der absolute Superlativ wird gebildet, indem der Endvokal des Adjektivs durch die Endung **-issimo** ersetzt wird. Der so gebildete absolute Superlativ verhält sich wie ein normales Adjektiv und passt sich in Genus und Numerus dem Nomen an, auf das es sich bezieht. Eine weitere Möglichkeit, den absoluten Superlativ zu bilden, besteht darin, ein Präfix vor das Adjektiv zu setzen: **stra-**, **super-**, **ultra-**, oder man wiederholt das Adjektiv.

Sei bellissimo.	Du bist wunderschön.
Questi bambini sono timidissimi.	Diese Kinder sind sehr schüchtern.
la stragrande maggioranza	die übergroße Mehrheit
una casa piccola piccola	ein ganz kleines Haus

6 Unregelmäßige Komparativ- und Superlativformen

Buono (gut), **cattivo** (böse/schlecht), **grande** (groß) und **piccolo** (klein) haben unregelmäßige Steigerungsformen:

Positiv	Komparativ	relativer Superlativ	absoluter Superlativ
buono	**migliore**	**il migliore**	**ottimo**
gut	besser	der beste	sehr gut
cattivo	**peggiore**	**il peggiore**	**pessimo**
schlecht	schlechter	der schlechteste	sehr schlecht
grande	**maggiore**	**il maggiore**	**massimo**
groß	größer	der größte	sehr groß
piccolo	**minore**	**il minore**	**minimo**
klein	kleiner	der kleinste	sehr klein

Questo lavoro è migliore di quello di ieri.
Diese Arbeit ist besser als die von gestern.
È la peggiore notizia che potessi ricevere.
Das ist die schlechteste Nachricht, die ich erhalten konnte.

Il cibo era **ottimo**, ma il servizio era **pessimo**.
Das Essen war sehr gut, aber die Bedienung war sehr schlecht.
Ha ottenuto il **massimo** risultato con il **minimo** sforzo.
Er hat das höchste Ergebnis mit der kleinster Anstrengung erhalten.

Regelmäßige und unregelmäßige Formen existieren nebeneinander. Häufiger ist jedoch der unregelmäßige Komparativ für „abstrakte“ Bedeutungen; der regelmäßige hingegen wird für „konkrete“ Bedeutungen verwendet:

Devi fare uno sforzo maggiore.	Du musst dir mehr Mühe geben.
Questo tavolo è più grande di quello.	Dieser Tisch ist größer als jener.

Zum Gebrauch von Positiv, Komparativ, relativem Superlativ und absolutem Superlativ ► Nr. 12.5.

Die folgenden Adjektive haben eine unregelmäßige Superlativform, werden aber sehr selten gebraucht:

Positiv	Superlativ	
acre scharf	acerrimo sehr scharf	un acerrimo nemico ein erbitterter Feind
celebre berühmt	celeberrimo sehr berühmt	una persona celeberrima eine sehr berühmte Person
integro ehrbar	integerrimo sehr ehrbar	un uomo integerrimo ein sehr ehrbarer Mensch
misero armselig	miserrimo sehr armselig	una situazione miserrima eine sehr armselige Situation
salubre gesund	saluberrimo sehr gesund	un cibo saluberrimo ein sehr gesundes Essen

13 Das Adverb

Adverbien *(gli avverbi)* können verschiedene Bezugswörter haben, die sie näher beschreiben. Wörtlich heißt Adverb „zum Verb gehörend“. Außer auf Verben kann es sich auch auf Adjektive oder andere Adverbien beziehen.

Adverbien sind unveränderliche Wörter.

Adverb beim Verb	Lucio cammina **rapidamente**.	Lucio geht schnell.
Adverb beim Adjektiv	Sei **molto** gentile.	Du bist sehr freundlich.
Adverb beim Adverb	Dormo **troppo** poco.	Ich schlafe zu wenig.

1 Bildung der Adverbien von Adjektiven

1. Die Adverbien werden gebildet, indem an die feminine Form des Adjektivs die Endung **-mente** angehängt wird: **lento** ► **lenta** ► **lentamente** (langsam).

Mangio sempre lentamente.	Ich esse immer langsam.
Serena legge velocemente.	Serena liest schnell.

2. Adjektive, die auf **-le** oder **-re** enden, verlieren den Endvokal **-e** vor der Endung **-mente**: **normale** ► **normalmente** (normal – normalerweise).

Normalmente vado a letto alle dieci.	Normalerweise gehe ich um 10 Uhr ins Bett.
Ci vediamo regolarmente.	Wir sehen uns regelmäßig.

⚠ **leggero** (leicht) bildet die Form **leggermente** (leicht), **violento** (heftig/gewaltsam) die Form **violentemente** (heftig/gewaltsam).

3. Einige Adjektive können auch unverändert als Adverbien benutzt werden. Dabei bleibt das Adjektiv immer in der Wörterbuchform: maskulin Singular. Viele Adjektive, die eine Menge ausdrücken, bleiben in adverbialer Funktion unverändert, darunter z. B.: **molto** (viel/sehr), **poco** (wenig), **tanto** (viel/sehr), **troppo** (zu viel), **parecchio** (ziemlich viel).

Lo dico chiaro.	Ich sage es deutlich.
Vai piano!	Fahr langsam!
Non andiamo lontano.	Wir gehen nicht weit weg.
Mi piace molto.	Es gefällt mir sehr.
Maria studia poco.	Maria lernt wenig.

4. Die Steigerung der Adverbien verläuft nach dem gleichen Muster wie bei Adjektiven (► Nr. 12.5). Der absolute Superlativ eines Adverbs, das aus einem Adjektiv abgeleitet ist, wird gebildet, indem an das Adjektiv ohne Endvokal **-issimamente** angehängt wird:
veloce ► **velocissimamente** (schnell – sehr schnell).

An Adverbien, die nicht aus einem Adjektiv abgeleitet sind (**tardi** – spät, **spesso** – oft), fügt man die Endung **-issimo** an:
tardi ► **tardissimo** (spät – sehr spät).

Cammina più lentamente.	Geh langsamer.
Paola legge velocissimamente.	Paola liest sehr schnell.

Vengo più tardi. — Ich komme später.
Sei venuto tardissimo. — Du bist sehr spät gekommen.

2 Unregelmäßige Adverbienbildung

Unregelmäßige Adverbienbildungen sind:

Adjektiv	Adverb im Positiv	Adverb im Komparativ	Adverb im Superlativ
buono	**bene**	**meglio**	**benissimo/ottimamente**
gut	gut	besser	sehr gut
cattivo	**male**	**peggio**	**malissimo/pessimamente**
schlecht	schlecht	schlechter	sehr schlecht
grande	**grandemente**	**maggiormente**	**massimamente**
groß	groß	größer	sehr groß
molto	**molto**	**più**	**moltissimo**
viel	viel/sehr	mehr	sehr viel
poco	**poco**	**meno**	**pochissimo**
wenig	wenig	weniger	sehr wenig

Ti voglio **bene**. — Ich habe dich gern.
Parlo **male** l'inglese. — Ich kann schlecht Englisch.

3 Besondere adverbiale Bestimmungen

ad alta voce	laut	in genere	normalerweise
a bassa voce	leise	in orario	rechtzeitig
a buon mercato	preiswert	in anticipo	zu früh
di solito	gewöhnlich	in ritardo	zu spät

Die Pronomen

14 Grundsätzliches

Pronomen *(pronomi)* ersetzen Teile eines Satzes und verhindern somit lästige Wiederholungen. **Io** (ich) und **noi** (wir) bzw. **tu** (du) und **voi** (ihr) und alle ihre Formen stehen für Sprecher bzw. Angesprochene in einer Gesprächssituation, während **lui** (er/es), **lei** (sie) und **loro** (sie) und alle ihre Formen Personen ersetzen, über die gesprochen wird, die aber nicht am Gespräch teilnehmen. Pronomen stehen in der Regel vor dem konjugierten Verb. Sie sind veränderliche Wörter.

- Ciao, **mi** chiamo Giacomo, e **tu**?
  Hallo, ich heiße Giacomo, und du?
  – **Io** sono Daniela.
  Ich bin Daniela.
- Ci andiamo **noi** o ci andate **voi**?
  Gehen wir oder geht ihr dorthin?
- **Ti** posso offrire del tè?
  Darf ich dir Tee anbieten?
  – Sì, grazie, **ne** prendo una tazza anch'**io**.
  Gerne, ich nehme auch eine Tasse (davon).
- Cosa facciamo?
  Was machen wir?
  – Non **lo** so.
  Ich weiß es nicht.

15 Die Personalpronomen

Personalpronomen *(pronomi personali)* beziehen sich entgegen ihrem Namen nicht nur auf Personen, sondern auch auf Sachen, abstrakte Ideen usw.

- **Io** quest'anno vado al mare. E **voi** dove andate?
  Ich fahre dieses Jahr ans Meer. Und ihr? Wohin fahrt ihr?
  – **Noi** andiamo in campagna.
  Wir fahren aufs Land.
- E Carlo e Maria che fanno?
  Und was machen Carlo und Maria?
  – **Lei** viene con noi, **lui** resta in città.
  Sie kommt mit uns, er bleibt in der Stadt.
- E i Galli? **Loro** cosa fanno?
  Und die Gallis? Was machen sie?
  – Non lo sappiamo.
  Wir wissen es nicht.

1 Das Subjektpronomen

	Singular		Plural	
1. Person	io	ich	noi	wir
2. Person	tu	du	voi	ihr
3. Person (maskulin)	lui	er/es	loro	sie
3. Person (feminin)	lei	sie	loro	sie
höfliche Anrede	Lei	Sie	Loro	Sie

Im Gegensatz zum Deutschen kennt das Italienische für die 3. Person Singular keine Neutrumform (es).

1. Die Subjektpronomen werden – anders als im Deutschen – in der neutralen Rede weggelassen. Man kann die Person des grammatikalischen Subjekts an der Endung des Verbs erkennen. Nur wenn die Person besonders hervorgehoben werden soll, wird das Personalpronomen benutzt.

- **Mangia poco e beve molto.**
  Er isst wenig und trinkt viel.
- **Chi?**
  Wer?
- **Lui.**
  Er.

- **Quando andiamo al cinema?**
  Wann gehen wir ins Kino?
- **Perché ‹andiamo›?**
  Warum „gehen"?
  Io non ci vado.
  Ich gehe nicht hin.
  Ci andate voi.
  Ihr geht dorthin.

2. Die Höflichkeitsform **Lei** ist formal gesehen 3. Person Singular und bekommt daher auch die Verbform für die 3. Person Singular. Möchte man mehrere Personen höflich anreden, benutzt man einfach die Form **voi** mit der Verbform der 2. Person Plural. **Loro** (3. Person Plural) ist eine sehr formelle Form der Anrede für mehrere Personen und wird in der Regel durch **voi** ersetzt.

- **Lei è italiano?**
  Sind Sie Italiener?
- **Si, sono italiano. E Lei?**
  Ja, ich bin Italiener. Und Sie?
- **Io sono tedesca.**
  Ich bin Deutsche.

- **Voi dove abitate?**
  Wo wohnt ihr?
- **Noi abitiamo qui vicino, e Lei?**
  Wir wohnen hier in der Nähe, und Sie?

3. Neben **lui** und **lei** existieren die schriftsprachlich gebrauchten Formen **egli** und **ella**. Sie können nur mit dem Verb gebraucht werden und nicht alleine stehen.

Ha incontrato il ministro, ed egli ha promesso di occuparsi della questione.
Er hat den Minister getroffen und er hat versprochen, sich um das Problem zu kümmern.

4. **Esso** kann nur für Tiere und Sachen, **essa**, **essi** und **esse** können für Personen, Tiere und Sachen verwendet werden. Alle diese Formen können nur in Verbindung mit einem Verb gebraucht werden und nicht alleine stehen. Für Personen werden allerdings fast ausschließlich die Formen **lui** und **lei** bzw. **loro** im Plural verwendet.

5. In der Regel steht das Subjektpronomen vor dem Verb. Bei besonderer Betonung kann es aber auch nachgestellt werden.

Io l'ho visto.
Ich habe ihn gesehen.
L'ho visto io.
Ihn habe ich gesehen.

Ebenso nachgestellt wird das Subjektpronomen nach **anche** (auch), **neanche** (auch nicht), **nemmeno** (auch nicht), **neppure** (auch nicht):

- Andiamo a teatro. Vieni anche tu?
  Wir gehen ins Theater. Kommst du mit?
- Non ho fame.
  Ich habe keinen Hunger.

\- Neanch'io.
  Ich auch nicht.

2 Die betonten Objektpronomen

Die betonten Objektpronomen werden bei Gegenüberstellungen, Hervorhebungen, nach einer Präposition und in Ausrufesätzen verwendet.

	Singular		Plural	
1. Person	me	mich/mir	noi	uns
2. Person	te	dich/dir	voi	euch
3. Person (maskulin)	lui	ihn/es /ihm	loro	sie/ihnen
3. Person (feminin)	lei	sie/ihr	loro	sie/ihnen
3. Person (reflexiv)	sé	sich	sé	sich
Höflichkeitsform	Lei	Sie/Ihnen	Loro	Sie/Ihnen

Hai chiamato **me** o **lei**?	Hast du mich oder sie gerufen?
Vuole **noi**, non **voi**.	Er will uns, nicht euch.
Perché parli male di **lui**?	Warum sprichst du schlecht über ihn?
Per **me**, non ci sono problemi.	Für mich gibt es kein Problem.
Posso venire con **te**?	Darf ich mit dir kommen?
Pensa solo a **sé**.	Er denkt nur an sich selbst.

3 Das mit dem Verb verbundene Objektpronomen (unbetonte Objektpronomen)

1. Direktes Objektpronomen (Akkusativ)

Das Personalpronomen kann nicht nur das Subjekt, also die handelnde Person, sondern auch Objekte eines Satzes ersetzen. Die Formen der Personalpronomen des direkten Objektes sind:

	Singular		Plural	
1. Person	mi	mich	ci	uns
2. Person	ti	dich	vi	euch
3. Person (maskulin)	lo/l'	ihn/es	li	sie
3. Person (feminin)	la/l'	sie	le	sie
3. Person (reflexiv)	si	sich	si	sich
Höflichkeitsform	La/L'	Sie	Li, Le	Sie

- Maria, **ti** ho visto ieri al cinema. Chi era quel ragazzo con te?
  Maria, ich habe dich gestern im Kino gesehen. Wer war der Junge mit dir?

– Era Franco, un vecchio amico. Non **lo** vedevo da tanto tempo.
  Es war Franco, ein alter Freund. Ich hatte ihn seit langem nicht mehr gesehen.

Die Formen der 3. Person Singular (auch die Höflichkeitsform) können vor Verben, die mit einem Vokal beginnen, apostrophiert werden. Vor den Formen von **avere** werden sie fast immer apostrophiert. Zur Angleichung des Partizips ► Nr. 24.2.

Lo amo molto. / Non l'amo più.	Ich liebe ihn sehr. / Ich liebe ihn nicht mehr.
L'hai vista?	Hast du sie gesehen?

Die folgenden Verben verlangen – im Gegensatz zum Deutschen – ein direktes Objektpronomen (Akkusativ):

aiutare	helfen	La posso aiutare? Darf ich Ihnen helfen?
ascoltare	zuhören	Lo ascolto volentieri. Ich höre ihm gerne zu.
contraddire	widersprechen	La contraddice sempre. Er widerspricht ihr immer.
incontrare	begegnen	Le incontro domani. Ich begegne ihnen morgen.

ringraziare	danken	**La ringrazio, signore.** Ich danke Ihnen (, mein Herr).
servire	dienen	**La posso servire?** Darf ich Ihnen dienen?

Lo kann auch „es“ bedeuten, wenn es sich z. B. auf den gesamten vorausgehenden Satz bezieht.

- **Quando arriva Mario?**
  Wann kommt Mario an?
- **Non lo so.**
  Ich weiß es nicht.

Wird das Objekt an den Satzanfang gestellt, so muss man das entsprechende unbetonte Objektpronomen vor dem Verb wieder aufnehmen.

I piatti chi li lava?	Wer spült ab?
Il vino lo compro io.	Den Wein kaufe ich.

In einigen Redewendungen kann **la** so viel wie „es“ bedeuten, auch wenn es nicht wörtlich übersetzt werden kann.

La smetto.	Ich lasse es sein.
Io non la penso come te.	Ich bin nicht deiner Meinung.

2. Indirektes Objektpronomen (Dativ)

Das Personalpronomen kann auch das indirekte Objekt eines Satzes ersetzen. Die Formen der Personalpronomen des indirekten Objektes sind:

	Singular		Plural	
1. Person	**mi**	mir	**ci**	uns
2. Person	**ti**	dir	**vi**	euch
3. Person (maskulin)	**gli**	ihm	**gli, loro**	ihnen
3. Person (feminin)	**le**	ihr	**gli, loro**	ihnen
3. Person (reflexiv)	**si**	sich	**si**	sich
Höflichkeitsform	**Le**	Ihnen	**Loro**	Ihnen

Lediglich bei den Formen der 3. Person unterscheidet man direkte und indirekte Objektpronomen. Die anderen Formen sind identisch mit denen der direkten Objektpronomen.

Ti regalo un libro.	Ich schenke dir ein Buch.
Le do il mio numero di telefono.	Ich gebe Ihnen meine Telefonnummer.

Die Form **loro** (3. Pers. Pl.) steht immer hinter dem Verb. Sie wird aber mehr und mehr von der Form **gli** verdrängt, die ihren Platz vor dem konjugierten Verb hat.

Ho detto **loro** di fare una pausa. **Gli** ho detto di fare una pausa.	Ich habe ihnen gesagt, sie sollen eine Pause machen.

Die folgenden Verben verlangen – im Gegensatz zum Deutschen – ein indirektes Objektpronomen (Dativ):

chiedere	fragen/verlangen	Gli ho chiesto quando viene. Ich habe ihn gefragt, wann er kommt.
domandare	fragen	Che cosa gli hai domandato? Was hast du ihn gefragt?
insegnare	lehren	Le insegno la chimica. Ich bringe ihr Chemie bei.

3. Reflexivpronomen

Das Reflexivpronomen (rückbezügliches Pronomen) zeigt an, dass sich die Handlung des Verbs auf die handelnde Person selbst bezieht. Die Formen des direkten und indirekten Objekts sind identisch. Zu den reflexiven Verben ► Nr. 32. **Si** als unbestimmtes Pronomen ► Nr. 18. **Si** als Passivform ► Nr. 28.

Singular	direktes Objekt	indirektes Objekt
1. Person	**mi** lavo ich wasche mich	**mi** lavo le mani ich wasche mir die Hände
2. Person	**ti** lavi du wäschst dich	**ti** lavi le mani du wäschst dir die Hände
3. Person	**si** lava er/sie/es wäscht sich	**si** lava le mani er/sie/es wäscht sich die Hände
Höflichkeitsform	**si** lava Sie waschen sich	**si** lava le mani Sie waschen sich die Hände

Plural	direktes Objekt	indirektes Objekt
1. Person	**ci** laviamo wir waschen uns	**ci** laviamo le mani wir waschen uns die Hände
2. Person	**vi** lavate ihr wascht euch	**vi** lavate le mani ihr wascht euch die Hände

Plural	direktes Objekt	indirektes Objekt
3. Person	**si** lavano sie waschen sich	**si** lavano le mani sie waschen sich die Hände
Höflichkeits-form	**si** lavano Sie waschen sich	**si** lavano le mani Sie waschen sich die Hände

4. Die Pronominaladverbien ci und ne

Ci ersetzt Ergänzungen mit den Präpositionen **a** (nach/in/an), **da** (aus), **in** (in/nach), **per** (für), **su** (auf/über), wenn diese die Bedeutung einer Richtungs- oder Ortsangabe haben oder wenn sie als Präpositionen (Ausnahme: **da**) in festen Fügungen mit gewissen Verben stehen (► Nr. 40); nicht aber bei der Präposition **da** als Herkunftsangabe: **Vengo da Napoli** (Ich komme aus Neapel.).

Indirekte Objekte, die keine Personen sind und mit der Präposition **a** eingeleitet werden, können ebenfalls durch **ci** ersetzt werden.

- **Oggi vado a Roma. Non ci sono mai stato.** (anstelle einer Ergänzung)
  Heute fahre ich nach Rom. Ich bin nie da gewesen.
  - **Eh, ci verrei volentieri anch'io!**
    Ah, ich würde auch gerne mitkommen!
- **Credi a quello che ti dice?**
  Glaubst du, was er dir sagt?
  - **Sì, ci credo.** (anstelle eines indirekten Objekts)
    Ja, ich glaube es.

Neben den hier dargestellten Verwendungen von **ci** findet man dieses Pronomen auch bei einigen Verben:

averci – haben, besitzen (mit anderen Pronomen)	• **Dov'è il libro?** Wo ist das Buch?	– **Ce l'ho io.** Ich habe es.
esserci – da sein, es gibt	• **C'è Maria?** Ist Maria da?	– **Sì, c'è.** Ja, sie ist da.
metterci – dauern	• **Quanto ci mette ad andare a Savona?** Wie lange braucht er, um nach Savona zu fahren?	– **Due ore.** Zwei Stunden.
volerci – nötig sein, man/es braucht	• **Ci vuole pazienza!** Man braucht Geduld.	

Vor **è** (und den Imperfekt-Formen: **ero, eri, era, eravamo, eravate, erano**) wird **ci** apostrophiert: **c'è**.

Ne ersetzt Ergänzungen mit den Präpositionen **di** und **da** (im Sinne einer Herkunftsangabe – aus) und Mengenangaben. Das Verb **andarsene** ist eine feste Wendung mit der Bedeutung „weggehen". (Zur Stellung von mehreren aufeinander folgenden Pronomen ► NR. 15.3.5)

- **Vuoi del cioccolato?**
  Möchtest du etwas Schokolade?

  – **Sì, ne prendo un pezzetto.**
  Ja, ich nehme ein kleines Stück (davon). (bei Mengenangaben, „davon")

- **È entrato al bar e ne è uscito dopo cinque minuti.** (= da lì)
  Er hat die Bar betreten und er ist (von dort) nach fünf Minuten wieder rausgekommen.

- **Me ne vado tra poco.** (= di qui)
  Ich gehe bald von hier weg.

Ne ersetzt Ergänzungen, die aus den Präposition **di** oder **da** + Personalpronomen der 3. Person Singular und Plural bestehen (**di lui, da lui, di lei, da lei, di loro, da loro**).

- **Hai un nipote?**
  Hast du einen Neffen / eine Nichte / ein Enkelkind?

  – **Ne ho tre.** (= di loro)
  Ich habe drei (von denen).

- **Mio zio vive in America, ma non ne ho più notizie da anni.** (= di lui)
  Mein Onkel lebt in Amerika, aber seit Jahren habe ich keine Nachricht mehr von ihm.

- **Ho conosciuto Antonia. Ne sono davvero affascinato.** (= da lei)
  Ich habe Antonia kennen gelernt. Ich bin wirklich von ihr fasziniert.

Ne ersetzt Ergänzungen, die aus den Präposition **di** oder **da** + Demonstrativpronomen bestehen, und verbale Fügungen, die mit den Präpositionen **di** und **da** stehen. (► NR. 40)

- **Ho una buona ricetta, te ne faccio una fotocopia.** (= di questa)
  Ich habe ein gutes Rezept, ich mache eine Kopie für dich.

- **Ho letto il libro e ne ho tratto delle buone idee.** (= da questo)
  Ich habe das Buch gelesen und ich habe gute Ideen daraus entnommen.

- **Domani sarà bel tempo.**
  Morgen wird es schön sein.

  – **Ne dubito.** (= di ciò)
  Ich bezweifle es.

5. Zusammentreffen von zwei Pronomen

Treffen mehrere Pronomen aufeinander, steht das indirekte Pronomen oder das Reflexivpronomen vor dem direkten Pronomen. Dabei wird der Endvokal -i zu -e:

Singular		+ lo	+ la	+ li	+ le	+ ne
1. Person	mi	me lo	me la	me li	me le	me ne
2. Person	ti	te lo	te la	te li	te le	te ne
3. Person maskulin	gli	glielo	gliela	glieli	gliele	gliene
3. Person feminin	le	glielo	gliela	glieli	gliele	gliene
3. Person reflexiv	si	se lo	se la	se li	se le	se ne
Höflichkeitsform	Le	glielo	gliela	glieli	gliele	gliene
Plural		+ lo	+ la	+ li	+ le	+ ne
1. Person	ci	ce lo	ce la	ce li	ce le	ce ne
2. Person	vi	ve lo	ve la	ve li	ve le	ve ne
3. Person	gli	glielo	gliela	glieli	gliele	gliene
3. Person reflexiv	si	se lo	se la	se li	se le	se ne

Die Doppelpronomen *(pronomi doppi)* werden getrennt geschrieben, bis auf die Formenverbindungen mit **gli**.

Te lo dico sempre: devi lavorare.	Ich sage es dir immer: du musst arbeiten.
Maria voleva leggere il tuo libro. **Glielo** puoi dare?	Maria wollte dein Buch lesen. Kannst du es ihr geben?

Reflexivpronomen stehen vor **ci** und **ne**. Vor **ci** verändert sich das Reflexivpronomen nicht, vor **ne** verhält es sich wie vor Objektpronomen und wird zu **me**, **te**, **se** usw.

Me ne vado.	Ich gehe (weg).
Mi ci sono iscritto.	Ich habe mich dort eingeschrieben (z. B. in die Liste).

6. Die Stellung der unbetonten Objektpronomen

Die Pronomen stehen unmittelbar vor dem konjugierten Verb.

Lo faccio volentieri.	Ich mache es gerne.
Ti piacciono i romanzi d'avventura?	Magst du Abenteuerromane?

Die Pronomen werden an Infinitiv, Imperativ (nicht aber beim Imperativ in der Höflichkeitsform, z. B. **me lo dia** – geben Sie es mir) und Gerundium angehängt. Dabei bleibt der Akzent auf der Silbe des Verbs, wo er auch ohne angehängte Pronomen liegt: **andando** – **andạndocene** (beim Gehen – beim Weggehen).

• **Puoi prestạrmi il libro?** Kannst du mir das Buch leihen?	– **Sì, posso prestạrtelo.** Ja, ich kann es dir leihen.	mit Infinitiv
• **E i piatti?** Und das Geschirr?	– **Beh, lạvali tu.** Also, spüle ab.	mit Imperativ
• **Parlạndogli ho capito tutto.** Da ich mit ihm gesprochen habe, habe ich alles verstanden.		mit Gerundium

Steht vor dem Infinitiv ein Modalverb (**volere** – wollen, **potere** – können/dürfen, **dovere** – müssen/sollen), können die Pronomen entweder vorangestellt oder angehängt werden.

• **Mi puoi prestare il libro?** Kannst du mir das Buch leihen?	– **Sì, te lo posso prestare.** Ja, ich kann es dir leihen.
• **Puoi prestarmi il libro?** Kannst du mir das Buch leihen?	– **Sì, posso prestartelo.** Ja, ich kann es dir leihen.

Außerdem wird das Pronomen an **ecco** (hier ist) und **riecco** (hier ist ... wieder) angehängt.

• **Dove sei?** Wo bist du?	– **Eccomi.** Hier bin ich.
• **Eccoti finalmente!** Da bist du endlich!	
• **E il computer?** Und der Computer?	– **Eccolo qui.** Hier ist er ja.

16 Die Possessivpronomen

Possessivpronomen *(pronomi possessivi)* verweisen auf den Inhaber oder die Person, zu der etwas in einer Beziehung steht.

- Di chi è questo libro?
  Wem gehört dieses Buch?
- È **mio**.
  Es ist meins.
- Mi puoi prestare la tua macchina? **La mia** si è rotta.
  Kannst du mir dein Auto leihen? Meins ist kaputtgegangen.
- Ma sì, prendi pure **la mia**.
  Naja, nimm es ruhig.

1 Die Formen der Possessivpronomen

Die Formen der Possessivpronomen sind identisch mit denen der Possessivbegleiter. (► NR. 7.1)

	Singular		Plural	
	maskulin	feminin	maskulin	feminin
io	il mio meiner/meins	la mia meine	i miei meine	le mie meine
tu	il tuo deiner/deins	la tua deine	i tuoi deine	le tue deine
lui	il suo seiner/seins	la sua seine	i suoi seine	le sue seine
lei	il suo ihrer/ihres	la sua ihre	i suoi ihre	le sue ihre
Lei	il Suo Ihrer/Ihres	la Sua Ihre	i Suoi Ihre	le Sue Ihre
noi	il nostro unserer/unseres	la nostra unsere	i nostri unsere	le nostre unsere
voi	il vostro euer/eures	la vostra eure	i vostri eure	le vostre eure
loro	il loro ihrer/ihres	la loro ihre	i loro ihre	le loro ihre

2 Der Gebrauch der Possessivpronomen

1. Das Possessivpronomen wird mit dem Artikel verwendet. Lediglich bei dem Verb **essere** (sein) kann der Artikel weggelassen werden.

- **Mi dai il tuo ombrello? Il mio l'ho perso.**
  Gibst du mir deinen Regenschirm?
  Meinen habe ich verloren.
- **Avete voi i biglietti? Anche i nostri?**
  Habt ihr die Fahrkarten? Auch unsere?
- **Di chi sono queste penne?**
  Wem gehören diese Kugelschreiber?
  - **Sono (le) nostre.**
  Es sind unsere.
- **È tuo questo libro?**
  Ist dieses Buch deins?
  - **No, non è (il) mio, è (il) suo.**
  Nein, es ist nicht meins, es ist seins/ihres.

2. Der Ausdruck „ein … von mir“ wird im Italienischen mit unbestimmtem Artikel + Possessivpronomen + Nomen ausgedrückt.

Ti presento Giovanni: è un mio amico.
Ich stelle dir Giovanni vor: Es ist ein Freund von mir.
Preparare la pasta è una sua specialità.
Die Nudeln vorzubereiten ist eine Spezialität von ihm.

Vergleiche die Anmerkungen zum Possessivbegleiter, der keine pronominale (also satzteilersetzende) Funktion hat. (► NR. 7)

17 Die Demonstrativpronomen

1 *Questo, quello*

Demonstrativpronomen (hinweisende Pronomen, *pronomi dimostrativi*) ersetzen einen Satzteil. Dabei verweisen sie auf eine räumliche oder zeitliche Nähe oder Distanz zum Sprecher:

maskulin Singular	feminin Singular	maskulin Plural	feminin Plural	
questo dieser/dieses der/das	questa diese/die	questi diese/die	queste diese/die	(nahe beim Sprecher)
quello jener/jenes	quella jene	quelli jene	quelle jene	(vom Sprecher entfernt)

- **Questo** non mi va.
  Das mag ich nicht.
- Signorina, quali fiori preferisce? – Mi piacciono **quelli** là.
  Junge Frau, welche Blumen haben Sie lieber? Ich mag die da.

Das Demonstrativpronomen **codesto** „diese(r) dort“ wird immer mehr von **quello** „jene(r)“ verdrängt, das nun auch dessen Bedeutung angenommen hat.

Das Demonstrativpronomen passt sich an eine Satzergänzung (**essere** + Nomen/Adjektiv) an. Im Deutschen würde es mit „das“ wiedergegeben werden.

Quest**i** sono i miei risparmi.	Das sind meine Ersparnisse.
Quell**e** sono le tue figlie?	Sind jene deine Töchter?

2 *Ciò*

Das neutrale Demonstrativpronomen **ciò** kann für **questo** verwendet werden. Im Gegensatz zu **questo** kann es aber nicht auf ein folgendes Nomen hinweisen. Nicht möglich wäre der Satz: ~~Ciò è Francesca~~. Es muss **Questa è Francesca** (Das ist Francesca.) heißen.

*Was Sie sagen, überzeugt mich nicht.

Ciò non mi piace.	Das mag ich nicht.
Ciò che dici non mi sorprende.	Was du sagst, überrascht mich nicht.

3 *Stesso*

Stesso mit Artikel verweist direkt auf eine Person oder Sache in der Bedeutung „der-, die-, dasselbe“. In Verbindung mit Personalpronomen bedeutet **stesso** „selbst“. **Lo stesso** kann „trotzdem“ bedeuten: **Non lo devo fare, ma lo faccio lo stesso** (Ich muss es nicht tun, aber ich tue es trotzdem).

Ci vado io **stesso**: voglio controllare.
Ich gehe selbst hin: ich will es überprüfen.
Guarda questi fiori. Sono **gli stessi** che ti volevo comprare io.
Schau mal diese Blumen. Es sind dieselben, die ich dir kaufen wollte.

18 Unbestimmte Pronomen

1 Pronominalisierte unbestimmte Begleiter

Werden die unbestimmten Begleiter ohne Nomen gebraucht, spricht man von pronominalem Gebrauch *(pronomi indefiniti)*. Zu ihnen gehören folgende Begleiter, die auch adjektivisch, d.h. mit Nomen gebraucht werden können (► NR. 9.1): **alcuno** (kein), **altrettanto** (ebenso viel), **alquanto** (etwas), **altro** (andere/r/s), **certo** (gewiss), **molto** (viel), **parecchio** ((ziemlich) viel), **poco** (wenig), **tale** (solch), **taluno** (manche), **tanto** (viel), **troppo** (zu viel), **tutto** (ganz/alle).

Alcuni vogliono partire, **altri** preferiscono rimanere.	Einige möchten wegfahren, andere möchten lieber bleiben.
Qui **tutti** hanno ragione!	Hier haben alle Recht!

Ausschließlich pronominal werden gebraucht: **chiunque** (jede/r/s), **niente** (nichts), **nulla** (nichts), **ognuno** (jede/r/s), **qualcosa (qualche cosa)** (etwas), **qualcuno** (jemand), **uno** (einer). Sie können nur im Singular verwendet werden. **Ognuno**, **qualcuno** und **uno** passen sich aber im Genus an, z. B.: **Ognuna di noi è responsabile.** (Wenn es sich nur um Frauen handelt.)

Ciascuno di voi è responsabile.	Jeder von euch ist verantwortlich.
Solo **uno** ha detto di sì.	Nur einer hat ja gesagt.
Non me l'ha detto **nessuno**.	Niemand hat es mir gesagt.

2 Man: si impersonale und *uno*

1. Si + 3. Person Singular entspricht dem Deutschen „man + Verb". Bei Anzeigen findet man **si** oft an das Verb angehängt.

Che lingua **si** parla in Italia?	Welche Sprache spricht man in Italien?
Vende**si** appartamento.	Wohnung zu verkaufen. *wörtlich:* Man verkauft eine Wohnung.

2. Adjektive und Nomen in Ergänzung zum *si impersonale* stehen in der maskulinen Pluralform. Wenn es klar ist, dass es sich ausschließlich um Frauen handelt, stehen Adjektive und Nomen in der femininen Pluralform.

Da sol**i** non si mangia volentieri.	Allein isst man nicht gerne.
Quando si è stanch**i** è meglio non guidare.	Wenn man müde ist, ist es besser, nicht zu fahren.

Quando si è ricche, non per forza si è contente.	Wenn man reich ist, ist man nicht unbedingt glücklich.

3. Bei zusammengesetzten Zeitformen mit dem *si impersonale* wird immer das Hilfsverb **essere** verwendet. Dabei wird das Partizip Perfekt nicht verändert, wenn das Verb normalerweise mit **avere** konjugiert wird. Es steht aber im Plural, wenn das Verb auch sonst mit **essere** konjugiert wird. Zur Bildung des Partizip Perfekts ► NR. 29.2.

Abbiamo dormito poco. Wir haben wenig geschlafen.	►	Si è dormito poco. Man hat wenig geschlafen.
Siamo arrivati presto. Wir sind früh angekommen.	►	Si è arrivati presto. Man ist früh angekommen.

4. Bei reflexiven Verben (**svegliarsi, alzarsi** – aufwachen, aufstehen) in der 3. Person wird **si** + **si** zu **ci si**, um eine Verdopplung zu vermeiden. Dabei wird **ci** nicht zu **ce**!

Ci si sveglia alle sette.	Man wacht um 7 Uhr auf.
Ci si alza alle otto.	Man steht um 8 Uhr auf.

Zum Passiv verwendeten **si** ► NR. 28.2.

5. **Uno** hat – wie das *si impersonale* – die Bedeutung „man", allerdings nicht im kollektiven Sinn, sondern es bezieht sich (indirekt) stärker auf den Sprecher selbst und meint damit eine Person.

Quando **uno** non sa più cosa fare, va da un amico.
Wenn einer nicht mehr weiß, was zu tun ist, geht er zu einem Freund.

Una si alza la mattina presto e naturalmente si deve rompere la macchina del caffè!
Da steht man (eine Person) morgens früh auf und natürlich muss die Kaffeemaschine kaputtgehen.

19 Die Relativpronomen

Das Relativpronomen *(il pronome relativo)* verbindet zwei Sätze. Es leitet einen Nebensatz – den Relativsatz – ein. Dabei bezieht es die Aussage des Nebensatzes auf den Hauptsatz. **Che** und **cui** sind unveränderliche Wörter. Sie ersetzen maskuline und feminine, im Singular oder im Plural stehende Nomen.

Che ersetzt einen Satzteil aus dem Hauptsatz, der im Nebensatz als Subjekt oder als direktes Objekt fungiert:

Queste sono le scarpe che mi piacciono. Das sind die Schuhe, die mir gefallen.	**che** als Subjekt des Nebensatzes
Queste sono le scarpe che ho comprato. Diese sind die Schuhe, die ich gekauft habe.	**che** als direktes Objekt des Nebensatzes

- Im ersten Beispielsatz bezieht sich das Verb des Nebensatzes (**mi piacciono**) auf **le scarpe**, die im Relativsatz mit **che** aufgenommen werden. In diesem Fall ist **che** das Subjekt des Nebensatzes (Wer oder was gefällt mir?).
- Im zweiten Beispielsatz steckt das Subjekt des Nebensatzes in **ho comprato**. **Che** übernimmt hier die Funktion eines direkten Objektes (Wen oder was kaufe ich?) und nimmt **le scarpe** aus dem Hauptsatz auf.

Steht vor dem Relativpronomen eine Präposition, so wird die Form **cui** verwendet. In Kombination mit der Präposition **a** (als indirektes Objekt des Nebensatzes: Wem?) kann die Präposition **a** entfallen: **Non ho più visto la ragazza cui ho dato il libro** (Ich habe das Mädchen nicht mehr gesehen, dem ich das Buch gegeben habe).

Questo è il signore (a) cui ho dato l'informazione. Das ist der Mann, dem ich die Auskunft gegeben habe.	**cui** als indirektes Objekt des Nebensatzes
La casa in cui vivono è molto grande. Das Haus, in dem sie wohnen, ist sehr groß.	**cui** als präpositionales Objekt des Nebensatzes

Anstelle von **che** und **cui** können auch die Relativpronomen **il/la quale** (Singular) und **i/le quali** (Plural) stehen. Sie werden aber nicht so oft benutzt.

L'amico di Federica, il quale (= che) è macellaio, si è sposato ieri.
Der Freund von Federica, der Metzger ist, hat gestern geheiratet.
Queste sono le ragazze delle quali (= di cui) ti ho parlato.
Diese sind die Mädchen, von denen ich dir erzählt habe.

Die Kombination Artikel + **cui** bedeutet „dessen, deren". Sie kann mit einer Präposition erweitert werden (Präposition + Artikel + **cui**).

> **Il tavolo, la cui gamba si è rotta, è antico.**
> Der Tisch, dessen Bein kaputtgegangen ist, ist alt.
> **Dalle bottiglie, sulle cui etichette c'è scritto «veleno», non devi bere.**
> Du darfst nicht aus den Flaschen trinken, auf deren Etiketten „Gift" steht.

Dove kann auch als Relativpronomen eingesetzt werden, wenn es sich um eine Ortsangabe handelt.

> **Mantova, dove (= in cui / nella quale) vive Mario, è una bella città.**
> Mantova, wo Mario lebt, ist eine schöne Stadt.

In allgemeiner Bedeutung, ohne konkreten personalen Bezug, kann **chi** verwendet werden. **Chi** ist unveränderlich und kann nur im Singular und nur für Personen gebraucht werden.

> **Chi cerca, trova.**
> Wer sucht, der findet.

> **Chi va piano va sano e va lontano.**
> Eile mit Weile. *wörtlich:* Wer langsam geht, geht gesund und weit.

20 Die Fragewörter

Fragewörter werden allein und nicht in Kombination mit einem Nomen gebraucht. Jedes Fragewort erfragt eine bestimmte Information, z. B. die Herkunft oder den Besitz.

Che cosa / Che / Cosa fate? Was macht ihr?	**Andiamo all'opera.** Wir gehen in die Oper.	Was?
Chi c'è? Wer ist da?	**C'è Francesco.** Francesco ist da.	Wer?
Chi hai visto? Wen hast du gesehen?	**Ho visto Marcello.** Ich habe Marcello gesehen.	Wen?
A chi hai dato il regalo? Wem hast du das Geschenk gegeben?	**L'ho dato a Vincenza.** Ich habe es Vincenza gegeben.	Wem?

Con chi sei stato? Mit wem bist du gewesen?	Sono stato con mio padre. Ich bin mit meinem Vater gewesen.	Mit wem?
Con che cosa l'hai aperto? Womit hast du es geöffnet?	Con un coltello. Mit einem Messer.	Mit was?
Come l'hai saputo? Wie hast du es erfahren?	Me l'ha detto Sandra. Sandra hat es mir gesagt.	Wie?
Da dove vieni? Woher kommst du?	Vengo dalla Germania. Ich komme aus Deutschland.	Woher?
Di dove sei? Woher bist du?	Sono di Genova. Ich bin aus Genua.	Woher?
Di chi è questo libro? Wem gehört dieses Buch?	È mio. Es ist meins.	Wessen?
Dove sei? Wo bist du?	Sono a Palermo. Ich bin in Palermo.	Wo?
Dove vai? Wohin fährst du?	Vado a Napoli. Ich fahre nach Neapel.	Wohin?
Ho due libri. **Quale** vuoi? Ich habe zwei Bücher. Welches möchtest du?	Prendo questo. Ich nehme das hier.	Welche/r/s?
Perché non vieni? Warum kommst du nicht?	Perché non ne ho voglia. Weil ich keine Lust habe.	Warum?
Perché hai preso i soldi? Wozu hast du (das) Geld genommen?	Ti volevo comprare dei fiori. Ich wollte dir Blumen kaufen.	Wozu?
Quando ci vediamo? Wann sehen wir uns?	Domani. Morgen.	Wann?
Quanto costa? Wie viel kostet es?	Cinquanta euro. 50 Euro.	Wie viel?

Veränderlich sind nur quale und quanto. Quale wird vor è zu qual verkürzt:

Qual è il tuo libro? — Welches ist dein Buch?

Das Verb

21 Grundsätzliches

1 Vollverben, Hilfsverben, Modalverben

1. Verben wie **lavorare** (arbeiten), die eine selbstständig ausreichende Aussage enthalten, nennen wir Vollverben *(verbi di senso compiuto)*. Sie können in allen Personen und in allen Zeitformen auftreten.

Lavoro.	ich arbeite
Parto.	ich fahre ab

2. Verben wie **avere** (haben) und **essere** (sein) enthalten keine selbstständige Aussage. Sie helfen, in Verbindung mit einer anderen Verbform eine Aussage zu machen. In diesem Fall tritt **avere** lediglich auf, um eine Zeitform von **lavorare**, **essere** dagegen, um eine Zeitform von **partire** zu bilden. Wir nennen diese Verben Hilfsverben *(verbi ausiliari)*. Sie werden mit dem Partizip Perfekt verbunden.

Ho lavorato.	ich habe gearbeitet
Sono partito.	ich bin abgefahren

3. Die Verben **volere** (wollen), **dovere** (müssen/sollen) und **potere** (können/dürfen) drücken aus, ob eine Handlung, die das Vollverb bezeichnet, ausgeführt werden will, muss oder kann. Sie werden mit dem Infinitiv verbunden. Wir nennen diese Verben Modalverben *(verbi modali)*.

Voglio lavorare.	ich will arbeiten
Devo partire.	ich muss abfahren

2 Konjugationen, regelmäßige und unregelmäßige Verben

1. Konjugationen

lavor**are**	arbeiten	Das Italienische kennt drei Endungen (-are, -ere, -ire), die an den Verbstamm (hier lavor-, cred-, sent-) angehängt werden und so den Infinitiv bilden. Der Infinitiv ist die Grundform des Verbs. Im Wörterbuch sind die Verben immer im Infinitiv aufgeführt.
cred**ere**	glauben	
sent**ire**	hören	

spielen, lesen, schlafen

Statt der Infinitivendungen können zahlreiche andere Endungen stehen, um die Person, die Zeitform und andere grammatikalische Informationen zu kennzeichnen. Jede Infinitivendung hat ein eigenes Set an Endungen. Dieses Set nennen wir Konjugation. Entsprechend den drei Endungen gibt es im Italienischen also drei Konjugationen: die Verben auf **-are**, auf **-ere** und auf **-ire**.

Einen Überblick über alle diese Konjugationsformen finden Sie im Anhang. (► ANHANG)

2. Regelmäßige Verben

Die große Mehrheit der italienischen Verben sind regelmäßig. Das heißt, sie verhalten sich streng nach den Regeln ihrer Konjugationsgruppe. **Lavorare, credere** und **sentire** z. B. sind regelmäßige Verben.

lavorare	► **lavoro**	arbeiten	ich arbeite
credere	► **credo**	glauben	ich glaube
sentire	► **sento**	hören	ich höre

Darüber hinaus gibt es Verben mit Stammerweiterung d.h., in den Formen des Singulars und der 3. Person Plural, die alle stammbetont sind, wird **-isc-** eingeschoben:

capire ► **capisco, capisci, capisce ... capiscono.** verstehen
Ebenso **finire** (beenden), **pulire** (putzen), **reagire** (reagieren) u.a.

3. Unregelmäßige Verben

Einige Verben verändern ihren Stamm oder haben nicht die in der Konjugationsgruppe üblichen Endungen. Sie sind also nicht regelmäßig. Einige von ihnen bilden eine Gruppe, da sie immer dieselben unregelmäßigen Formen aufweisen, also eine eigene Systematik haben (z. B. **togliere** ► **tolgo, togli, toglie, togliamo, togliete, tolgono** – wegnehmen). Verben wie **andare** (gehen/fahren), **sapere** (wissen) und **dire** (sagen) sind gänzlich unregelmäßig. Ihre Formen müssen unabhängig von den Konjugationsgruppen erlernt werden.

andare	► **vado**	gehen/fahren	ich gehe/fahre

sapere ► so	wissen	ich weiß
dire ► dico	sagen	ich sage

In vielen Sprachen haben sehr häufig gebrauchte Verben unregelmäßige Formen. Sie haben sich erhalten, weil sie so häufig vorkommen. Indem man sie ständig anwendet, prägt man sich die unregelmäßigen Formen ein. Auch sonst braucht man vor ihnen keine Angst zu haben: Jedes Lehrwerk legt besonderen Wert auf ausreichende Übungen mit gerade diesen unregelmäßigen Verben.

22 Die Verben *essere* und *avere*

1 *Essere* (sein)

Essere kann nicht nur als Hilfsverb zur Bildung von Zeitformen (► NR. 21.1) verwendet werden, sondern auch als Satzergänzung in Verbindung mit einem Nomen, Adjektiv oder einer adverbialen Ergänzung (z. B. Ortsangabe). Zusammen mit der Erweiterung bildet es das Prädikat des Satzes.

Il mio nome **è** Luca.	Mein Name ist Luca.
Non **sono** mai **stato** a Venezia.	Ich bin nie in Venedig gewesen.
Siamo contenti.	Wir sind froh/zufrieden.

2 *Avere* (haben)

Avere kann in Verbindung mit einem Nomen als Vollverb benutzt werden.

Ho la febbre.	Ich habe Fieber.
Avete i libri con voi?	Habt ihr die Bücher bei euch?
Abbiamo avuto fortuna.	Wir haben Glück gehabt.

23 Die Modalverben

Das Italienische hat nur drei Modalverben, die den sechs deutschen Modalverben entsprechen:

potere	können, dürfen
dovere	müssen, sollen
volere	wollen, mögen

Posso venire con voi al cinema?	Kann ich mit euch ins Kino kommen?
Puoi passarmi il sale, per favore?	Kannst du mir das Salz reichen bitte?
Devi lavorare.	Du musst arbeiten.

La mamma ha detto che **devi** andare a comprare il pane. — Mama hat gesagt, dass du Brot einkaufen sollst.
Voglio risparmiare per una vacanza in America. — Ich will für einen Urlaub in Amerika sparen.
Non **vuoi** venire con noi? — Möchtest du nicht mit uns kommen?

Non può lavorare. Er kann nicht arbeiten. | Non deve lavorare. Sie muss nicht arbeiten. | Non vuole lavorare. Sie will nicht arbeiten.

1. Wird dovere verneint, so erhält es die Bedeutung „nicht dürfen". „Nicht müssen" kann mit non occorrere, non esserci bisogno di umschrieben werden.

Non devi trascurare la scuola. — Du darfst nicht die Schule vernachlässigen.
Non me lo dovevi dire. — Du durftest es mir nicht sagen.

2. Wird dovere als Vollverb benutzt, so hat es die Bedeutung von „schulden".

Mi devi ancora i soldi della spesa. — Du schuldest mir noch das Einkaufsgeld.
Quanto Le devo? — Wie viel schulde ich Ihnen?

3. Sapere wird in Verbindung mit einem Infinitiv zu einem Modalverb mit der Bedeutung „können", „in der Lage sein", „fähig sein".

Non **so** parlare russo. — Ich kann nicht Russisch (sprechen).
Sai riparare la macchina? — Kannst du das Auto reparieren?

4. Potere, sapere und riuscire a bedeuten jeweils „können".

Potere drückt aus, dass man bereit ist, etwas zu tun. Die äußeren Umstände lassen es zu. Eine blinde Person kann nicht lesen: non può leggere.

Sapere drückt aus, dass man fähig ist, etwas zu tun. Es geht also um ein erworbenes Können. Ein Kleinkind kann nicht lesen: **non sa leggere**, weil es das Lesen noch nicht erlernt hat.

Riuscire a drückt aus, dass es einem gelingt, etwas zu tun, weil man sich ein bisschen angestrengt hat oder die Umstände günstig sind. **Riesci a tirare fuori il chiodo?** Kriegst du den Nagel herausgezogen? **Non riesco a leggere:** Man würde gerne lesen, aber es ist vielleicht zu dunkel oder man kann sich nicht konzentrieren.

> **Non posso riparare la macchina, perché non ho tempo.**
> Ich kann das Auto nicht reparieren, weil ich keine Zeit habe.
> **Non so riparare la macchina, perché non l'ho mai fatto.**
> Ich kann das Auto nicht reparieren, weil ich es nie gemacht habe.
> **Non riesco a riparare la macchina; ci ho provato, ma ...**
> Ich kann das Auto nicht reparieren; ich habe versucht, aber ...

Modalverben sind unregelmäßige Verben. Im Anhang finden Sie eine Übersicht über ihre Formen. (► ANHANG)

24 Die Zeiten des Indikativs

Der Indikativ *(l'indicativo)* ist der Modus der Beschreibung und Information. Er bezeichnet die neutrale, objektive Satzaussage.

Imparo l'italiano.	Ich lerne Italienisch.
Il bambino **è caduto**.	Das Kind ist gefallen.

Der Indikativ hat acht Zeiten:

deutsche Bezeichnung	italienische Bezeichnung
Präsens	*presente*
zusammengesetztes Perfekt	*passato prossimo*
einfaches Perfekt	*passato remoto*
Imperfekt	*imperfetto*
Plusquamperfekt I	*trapassato prossimo*
Plusquamperfekt II	*trapassato remoto*
Futur	*futuro semplice*
Futur II (zusammengesetztes Futur)	*futuro anteriore*

1 Präsens

1. Gebrauch des Präsens

Das Präsens ist die einfache Zeitform der Gegenwart. Es bezeichnet Vorgänge und Tatsachen der Gegenwart, sich regelmäßig wiederholende Vorgänge und allgemein gültige Aussagen. Das Präsens wird wie im Deutschen verwendet. Es kann also mit der entsprechenden Zeitangabe auch auf die Zukunft bezogen sein.

Abbiamo una casa al mare.	Wir haben ein Haus am Meer.
Studio l'italiano per passatempo.	Ich lerne Italienisch als Zeitvertreib.
Lavoro ogni giorno.	Ich arbeite jeden Tag.
Il Vesuvio è un vulcano.	Der Vesuv ist ein Vulkan.
Domani andiamo dal medico.	Morgen gehen wir zum Arzt.

Das Präsens bezeichnet ferner in der Vergangenheit begonnene Vorgänge und Tatsachen, wenn sie auch in der Gegenwart gültig sind.

Vivo in Italia da cinque anni.	Ich lebe seit fünf Jahren in Italien.
Non ci vediamo da tanto tempo.	Wir sehen uns seit langem nicht.

Das Präsens kann in Erzählungen der Vergangenheit gebraucht werden, um die Einzelheiten lebendiger zu gestalten. Diese Zeitform wird „historisches Präsens" genannt.

Dante Alighieri nasce a Firenze nel 1265. Nel 1285 sposa Gemma Donati, da cui ha tre figli. Dal 1286 al 1287 è a Bologna ...
Dante Alighieri wird 1265 in Florenz geboren. Im Jahr 1285 heiratet er Gemma Donati, mit der er drei Kinder hat. Von 1286 bis 1287 ist er in Bologna ...

2. Formen des Präsens

		lavor**are**	cred**ere**	sent**ire**	essere	avere
Singular	io	lavor**o**	cred**o**	sent**o**	sono	ho
	tu	lavor**i**	cred**i**	sent**i**	sei	hai
	lui/lei/Lei	lavor**a**	cred**e**	sent**e**	è	ha
Plural	noi	lavor**iamo**	cred**iamo**	sent**iamo**	siamo	abbiamo
	voi	lavor**ate**	cred**ete**	sent**ite**	siete	avete
	loro	lavọr**ano**	crẹd**ono**	sẹnt**ono**	sono	hanno
		arbeiten	glauben	hören	sein	haben

Der Wortakzent liegt in allen Formen auf dem Stammvokal. Nur die 1. und 2. Person Plural (**lavoriạmo, lavorạte**) verschieben den Akzent auf die Endung.

Hier ein paar wichtige Anmerkungen zu den Präsensformen:

Einige Verben auf **-are** betonen im Singular die drittletzte Silbe und in der 3. Person Plural die viertletzte Silbe:

		telefon**are**	abit**are**
Singular	io	telẹfon**o**	ạbit**o**
	tu	telẹfon**i**	ạbit**i**
	lui/lei/Lei	telẹfon**a**	ạbit**a**
Plural	noi	telefon**iạmo**	abit**iạmo**
	voi	telefon**ạte**	abit**ạte**
	loro	telẹfon**ano**	ạbit**ano**
		telefonieren	wohnen

Zu diesen Verben gehören u.a. **accomodare** (aufräumen), **augurare** (wünschen), **celebrare** (feiern), **desiderare** (wünschen), **dubitare** ((be)zweifeln), **immaginare** (sich vorstellen), **liberare** (befreien), **ordinare** (bestellen), **visitare** (besichtigen).

Gaspare e Luca ạbitano insieme.	Gaspare und Luca wohnen zusammen.
La sua ragazza gli telẹfona spesso.	Seine Freundin ruft ihn oft an.

Bei den Verben auf **-iare** entfällt beim Stamm das **-i**, wenn Endungen folgen, die mit **-i** beginnen:

		studi**are**	mangi**are**	cominci**are**	lasci**are**
Singular	io	studi**o**	mangi**o**	cominci**o**	lasci**o**
	tu	stud**i**	mang**i**	cominc**i**	lasc**i**
	lui/lei/Lei	studi**a**	mangi**a**	cominci**a**	lasci**a**
Plural	noi	stud**iamo**	mang**iamo**	cominc**iamo**	lasc**iamo**
	voi	studi**ate**	mangi**ate**	cominci**ate**	lasci**ate**
	loro	stụdi**ano**	mạngi**ano**	comịnci**ano**	lạsci**ano**
		lernen/studieren	essen	beginnen	lassen

Das **i** wird bei den folgenden Silben nicht ausgesprochen: **-cio** [tʃo], **-cia** [tʃa], **-gio** [dʒo], **-gia** [dʒa], **-scio** [ʃo], **-scia** [ʃa].

- Cosa studi?
  Was studierst du?
- Studio economia e commercio.
  Ich studiere Wirtschaftswissenschaft.

- **Perché non mangi?** Warum isst du nicht?
- **Non mangio perché non ho fame.** Ich esse nicht, weil ich keinen Hunger habe.

Bei Verben auf **-iare**, bei denen das **-i-** betont ist (z. B. **inviare** – **invio** (senden), **sciare** – **scio** (Ski fahren), **spiare** – **spio** (ausspionieren)) bleibt das **-i-** in der 2. Person Singular erhalten, nicht aber in der 1. Person Plural: **inviare: invio, invii, invia, inviamo, inviate, inviano.**

Bei Verben auf **-care** und **-gare** bleibt die Aussprache von **-c-** und **-g-** immer erhalten. Vor **e** und **i** wird deshalb ein **-h-** geschrieben:

		cercare	pagare
Singular	io	cerco	pago
	tu	cerchi	paghi
	lui/lei/Lei	cerca	paga
Plural	noi	cerchiamo	paghiamo
	voi	cercate	pagate
	loro	cẹrcano	pạgano
		suchen	bezahlen

Bei Verben auf **-cere**, **-gere** und **-scere** verändert sich die Aussprache von **-c-** und **-g-**, es wird kein **-h-** vor **e** und **i** eingeschoben.

Was suchst du? Ich suche meine Brille.

- **Cosa leggi?** Was liest du?
- **Leggo un nuovo libro. Lo conosci?** Ich lese ein neues Buch. Kennst du es?
- **No, non lo conosco.** Nein, ich kenne es nicht.

Finire und **costruire** gehören zu den Verben auf **-ire**, die eine Stammerweiterung mit **-isc-** haben. Dabei wird im Präsens bei allen Singularformen und der 3. Person Plural zwischen Stamm und Endung ein **-isc-** eingeschoben.

		finire	costruire
Singular	io	finisco	costruisco
	tu	finisci	costruisci
	lui/lei/Lei	finisce	costruisce
Plural	noi	finiamo	costruiamo
	voi	finite	costruite
	loro	finiscono	costruiscono
		beenden	bauen

Finisco questa lettera e arrivo.	Ich schreibe diesen Brief zu Ende und komme.
Costruiscono un palazzo.	Sie bauen ein Gebäude.

Folgende Verben auf **-ire** haben in den Formen der 1.–3. Person Singular und der 3. Person Plural Präsens eine Stammerweiterung mit **-isc-**:

agire ► agisco handeln

capire	verstehen	**pulire**	putzen
chiarire	klären	**punire**	bestrafen
colpire	treffen/schlagen	**patire**	(er)leiden
contribuire	beitragen	**riferire**	berichten
costruire	bauen	**restituire**	zurückgeben
distribuire	verteilen	**sostituire**	ersetzen
favorire	fördern	**sparire**	verschwinden
finire	beenden	**spedire**	senden
fiorire	(auf)blühen	**stabilire**	festlegen
fornire	liefern	**stupire**	erstaunen
guarire	heilen	**subire**	erleiden
impedire	verhindern	**suggerire**	vorschlagen/raten
ferire	verletzen	**tossire**	husten
percepire	wahrnehmen	**tradire**	betrügen
preferire	vorziehen	**ubbidire**	gehorchen
proibire	verbieten	**unire**	vereinigen

3. Präsens bei unregelmäßigen Verben

Von den Verben auf **-are** bilden **stare, andare, dare** und **fare** unregelmäßige Formen:

		stare	andare	dare	fare
Singular	io	sto	vado	do	faccio
	tu	stai	vai	dai	fai
	lui/lei/Lei	sta	va	dà	fa
Plural	noi	stiamo	andiamo	diamo	facciamo
	voi	state	andate	date	fate
	loro	stanno	vanno	danno	fanno
		bleiben	gehen/fahren	geben	tun/machen

Dà erhält einen Akzent, damit es sich von der Präposition **da** unterscheidet.

- Come **stai**? – **Sto** benissimo, grazie.
  Wie geht es dir? – Mir geht es sehr gut, danke.
- Luca **dà** il libro a Giuliana.
  Luca gibt Giuliana das Buch.
- **Fanno** delle fotocopie.
  Sie machen Kopien.

Von den wichtigsten Verben auf **-ere** bilden **bere, dovere, piacere, potere, rimanere, sapere, sedere, tenere, togliere** und **volere** unregelmäßige Formen:

		bere	dovere	piacere	potere	rimanere
Singular	io	bevo	devo	piaccio	posso	rimango
	tu	bevi	devi	piaci	puoi	rimani
	lui/lei/Lei	beve	deve	piace	può	rimane
Plural	noi	beviamo	dobbiamo	piacciamo	possiamo	rimaniamo
	voi	bevete	dovete	piacete	potete	rimanete
	loro	bẹvono	dẹvono	piạcciono	pọssono	rimạngono
		trinken	müssen/sollen	gefallen	können/dürfen	bleiben

		sapere	sedere	tenere	togliere	volere
Singular	io	so	siedo	tengo	tolgo	voglio
	tu	sai	siedi	tieni	togli	vuoi
	lui/lei/Lei	sa	siede	tiene	toglie	vuole
Plural	noi	sappiamo	sediamo	teniamo	togliamo	vogliamo
	voi	sapete	sedete	tenete	togliete	volete
	loro	sanno	siẹdono	tẹngono	tọlgono	vọgliono
		wissen	sitzen	halten	wegnehmen	wollen

Bei **dovere** kennen die Formen **devo** und **devono** eine Nebenform, die ebenfalls benutzt werden kann: **debbo** und **debbono**.

- Non ne **posso** più. – Lo **so**. Perché non ti siedi?
  Ich kann nicht mehr. – Ich weiß es. Warum setzt du dich nicht?
- **Devo** fare una telefonata.
  Ich muss einen Anruf machen.
- Mi **tolgo** la giacca.
  Ich ziehe die Jacke aus.

Ähnlich wie **rimanere** wird **valere** (gelten) konjugiert. Wie **togliere** werden **cogliere** ((ab)pflücken), **scegliere** ((aus)wählen) und **spegnere** (ausmachen), konjugiert.

Parere (scheinen) ist ebenfalls unregelmäßig: **paio, pari, pare, paiamo, parete, paiono.**

Bei den Verben auf **-ire** bilden unregelmäßige Formen: **dire, morire, salire, uscire, venire** und Verben, die von ihnen abgeleitet werden, wie **disdire** (absagen), **convenire** (übereinstimmen), **riuscire** (gelingen) etc.

		dire	morire	salire	uscire	venire
Singular	io	dico	muoio	salgo	esco	vengo
	tu	dici	muori	sali	esci	vieni
	lui/lei/Lei	dice	muore	sale	esce	viene
Plural	noi	diciamo	moriamo	saliamo	usciamo	veniamo
	voi	dite	morite	salite	uscite	venite
	loro	dịcono	muọiono	sạlgono	ẹscono	vẹngono
		sagen	sterben	hinaufsteigen	ausgehen	kommen

Quando **vieni**? — Wann kommst du?
Carmela e Gianna **salgono** le scale di Piazza di Spagna. — Carmela und Gianna steigen die Treppe der Piazza di Spagna hinauf.

Verben auf **-arre, -orre** und **-urre** sind unregelmäßig, z. B. **trarre** (ziehen), **contrarre** (zusammenziehen), **detrarre** (abziehen), **porre** (setzen/stellen/legen), **comporre** (zusammensetzen), **condurre** (führen), **tradurre** (übersetzen), **produrre** (herstellen) etc.

		trarre	porre	condurre
Singular	io	traggo	pongo	conduco [-k-]
	tu	trai	poni	conduci
	lui/lei/Lei	trae	pone	conduce
Plural	noi	traiamo	poniamo	conduciamo
	voi	traete	ponete	conducete
	loro	trạggono	pọngono	condụcono [-k-]
		ziehen	setzen/stellen/legen	führen

Pongo delle condizioni. — Ich stellte einige Bedingungen.
Questa fabbrica **produce** pasta. — Diese Fabrik stellt Nudeln her.

2 Zusammengesetztes Perfekt

1. Gebrauch des *passato prossimo*

Das *passato prossimo* ist eine zusammengesetzte Zeitform. Es bezeichnet abgeschlossene Vorgänge der Vergangenheit. Die Bildung des *passato prossimo* ist vergleichbar mit der des deutschen Perfekts. Allerdings ist die Funktion verschieden.

Ho mangiato una mela.	Ich habe einen Apfel gegessen.
Ti **abbiamo cercato** tutta la giornata.	Wir haben dich den ganzen Tag gesucht.
Siamo andati in salumeria.	Wir sind in die Metzgerei gegangen.

Das *passato prossimo* wird für Vorgänge verwendet, die sich kurz vor der Gegenwart ereignet haben.

Sono stati in Piemonte.	Sie sind in Piemont gewesen.
Ho riparato la lavatrice.	Ich habe die Waschmaschine repariert.
Ieri abbiamo incontrato Paolo.	Gestern haben wir Paolo getroffen.

Wenn der Vorgang schon weiter zurückliegt, aber eine Bedeutung für die Gegenwart hat, wird ebenfalls das *passato prossimo* verwendet.

Sono nato in Canada.	Ich bin in Kanada geboren.
Hanno lavorato molto per potersi comprare la casa.	Sie haben viel gearbeitet, um sich das Haus zu kaufen.

2. Formen des *passato prossimo*

Das *passato prossimo* wird mit einer Form von **essere** oder **avere** und dem Partizip Perfekt des Vollverbs gebildet. Zur Bildung des Partizip Perfekts ► NR. 29.2.

		lavorare		andare	
Singular	io	ho	lavorato	sono	andato/andata
	tu	hai	lavorato	sei	andato/andata
	lui/lei/Lei	ha	lavorato	è	andato/andata
Plural	noi	abbiamo	lavorato	siamo	andati/andate
	voi	avete	lavorato	siete	andati/andate
	loro	hanno	lavorato	sono	andati/andate
		arbeiten		gehen/fahren	

Ieri ho giocato a tennis.	Gestern habe ich Tennis gespielt.
Avete avuto molto da fare?	Habt ihr viel zu tun gehabt?
Quest'estate siamo andati in Francia.	Diesen Sommer sind wir nach Frankreich gefahren.
Sono rimaste a casa perché è arrivata una loro amica.	Sie sind zu Hause geblieben, weil eine Freundin von ihnen angekommen ist.

Mit **essere** gebildete *passato-prossimo*-Formen sind veränderlich und richten sich in Genus (maskulin/feminin) und Numerus (Singular/Plural) nach dem Subjekt des Satzes.

Pietro è partito per le vacanze.	Pietro ist in den Urlaub gefahren.
Chiara è andata a Catania.	Chiara ist nach Catania gefahren.
Siamo stati alla Galleria degli Uffizi.	Wir sind in der Galleria degli Uffizi gewesen.
Le mie colleghe sono già tornate a casa.	Meine Kolleginnen sind schon nach Hause zurückgekehrt.

Mit **avere** gebildete *passato-prossimo*-Formen sind unveränderlich. Stehen aber vor **avere** die direkten Objektpronomen **lo** (ihn/es), **la** (sie), **li** (sie), **le** (sie), richtet sich das Partizip in Genus (maskulin/feminin) und Numerus (Singular/Plural) nach den Pronomen. Bei den anderen Pronomen, **mi** (mich), **ti** (dich), **ci** (uns), **vi** (euch), **ne** (davon), und dem Relativpronomen **che** (der/die/das) kann das Partizip angepasst werden, muss es aber nicht.

Agostina ha cambiato i soldi per il suo viaggio negli Stati Uniti.
Agostina hat das Geld für ihre Reise in die USA gewechselt.
Li ha cambiati in una banca.
Sie hat es in einer Bank gewechselt.
Anna, chi ti ha accompagnato (accompagnata) a casa?
Anna, wer hat dich nach Hause begleitet?
Ci hanno chiamato (chiamati) ieri sera da Genova.
Man hat uns gestern Abend aus Genua angerufen.
Vi regalo una bottiglia di vino che ho portato (portata) dalla Sicilia.
Ich schenke euch eine Flasche Wein, die ich aus Sizilien mitgebracht habe.

3. Gebrauch von essere und avere

Im Allgemeinen werden **essere** und **avere** mit Partizip wie im Deutschen verwendet. Mit **essere** stehen vor allem Partizipien der Verben, die eine Bewegung ausdrücken. Allerdings gibt es auch einige wenige Ausnahmen:

Mit **essere** werden die Verben **costare** (kosten), **dispiacere** (bedauern), **dipendere** (abhängen) und einige unpersönliche Verben wie **accadere** (geschehen), **capitare** (passieren), **parere** (scheinen), **piacere** (gefallen), **sembrare** (scheinen), **succedere** (geschehen) gebildet.

Quanto è costata la cravatta?	Wie viel hat die Krawatte gekostet?
Ci è dispiaciuto che tu non sia venuta.	Wir haben es bedauert, dass du nicht gekommen bist.
Mi è sembrato stanco.	Er erschien mir müde.

Die Partizipien der reflexiven Verben werden im Gegensatz zum Deutschen mit **essere** gebildet und an das Subjekt angeglichen.

Mi sono lavato la faccia.	Ich habe mir das Gesicht gewaschen.
Antonella e Piero si sono sposati.	Antonella und Piero haben geheiratet.

Einige wenige Partizipien von Verben der Bewegung stehen mit **avere**. Zu ihnen gehören **camminare** (laufen/gehen), **girare** (herumgehen), **nuotare** (schwimmen), **passeggiare** (spazieren gehen), **sciare** (Ski fahren), **viaggiare** (verreisen).

Ho camminato tanto che mi fanno male i piedi.	Ich bin viel gegangen, so dass mir die Füße weh tun.
Abbiamo passeggiato nel parco.	Wir sind im Park spazieren gegangen.

Nevicare (schneien), **piovere** (regnen) und **grandinare** (hageln) können sowohl mit **essere** als auch mit **avere** konjugiert werden.

È piovuto.	Ha piovuto.	Es hat geregnet.
È nevicato.	Ha nevicato.	Es hat geschneit.

Modalverben bilden ihr Partizip mit **avere**. Wird aber das Hauptverb (im Infinitiv) mit **essere** gebildet, so wird **essere** auch beim Modalverb verwendet. Allerdings ist der Gebrauch mit **avere** in der Umgangssprache immer häufiger anzutreffen (**Ho dovuto partire.** – Ich habe abfahren müssen.).

Martino ha dovuto camminare a lungo.	Martino hat lange gehen müssen.
Eleonora è dovuta andare a casa.	Eleonora hat nach Hause gehen müssen.

3 Einfaches Perfekt

1. Gebrauch des *passato remoto*

Das *passato remoto* ist eine einfache Zeitform der Vergangenheit. Es drückt abgeschlossene Vorgänge der Vergangenheit ohne Bezug auf die Gegenwart aus und wird vor allem in der literarischen Sprache gebraucht. In der Umgangssprache ist es immer mehr vom *passato prossimo* (► Nr. 24.2) verdrängt worden, wird aber in Mittel- und Süditalien weiterhin häufig verwendet. Es dürfte ausreichen, wenn Sie die Formen erkennen. Sie können ohne Probleme auf das *passato prossimo* zurückgreifen, auch wenn Sie längst abgeschlossene Vorgänge darstellen wollen.

Dante Alighieri **nacque** nel 1265 e **morì** nel 1321.	Dante Alighieri wurde 1265 geboren und im Jahr 1321 starb er.
Da giovane **lesse** molto.	Als Junge las er viel.

In der Gegenüberstellung dürfte der Unterschied zwischen *passato remoto* und *passato prossimo* klar werden: Das *passato remoto* steht für einen in der Vergangenheit vollständig abgeschlossenen Vorgang, während das *passato prossimo* einen Bezug zur Gegenwart herstellt.

Nel 1975 **cambiai** casa due volte.	Im Jahr 1975 zog ich zweimal um.
L'anno scorso **ho cambiato** casa.	Letztes Jahr bin ich umgezogen.

2. Formen des *passato remoto*

		lavor**are**	cred**ere**	sent**ire**	essere	avere
Singular	io	lavor**ai**	cred**ei/-etti**	sent**ii**	fui	ebbi
	tu	lavor**asti**	cred**esti**	sent**isti**	fosti	avesti
	lui/lei/Lei	lavor**ò**	cred**é/-ette**	sent**ì**	fu	ebbe
Plural	noi	lavor**ammo**	cred**emmo**	sent**immo**	fummo	avemmo
	voi	lavor**aste**	cred**este**	sent**iste**	foste	aveste
	loro	lavor**ạrono**	cred**ẹrono/ẹttero**	sent**ịrono**	fụrono	ẹbbero
		arbeiten	glauben	hören	sein	haben

Das *passato remoto* wird auf der vorletzten Silbe betont. Nur die 3. Person Singular ist endbetont und erhält daher einen Akzent. Die 3. Person Plural wird auf der drittletzten Silbe betont.

Die regelmäßigen Verben auf **-ere** haben für die 1. und 3. Person Singular und für die 3. Person Plural zwei Formen: **credei = credetti, credé = credette, crederono = credettero.**

3. Unregelmäßige Formen des *passato remoto*

Von den Verben auf **-are** bilden **dare, fare** und **stare** unregelmäßige Formen des *passato remoto*:

		dare	fare	stare
Singular	io	diedi/detti	feci	stetti
	tu	desti	facesti	stesti
	lui/lei/Lei	diede/dette	fece	stette
Plural	noi	demmo	facemmo	stemmo
	voi	deste	faceste	steste
	loro	dịedero/dẹttero	fẹcero	stẹttero
		geben	machen/tun	bleiben

Gli **diede** la chiave. — Er gab ihm den Schlüssel.
Feci la pace con mia sorella. — Ich schloss Frieden mit meiner Schwester.

Die meisten Verben auf **-ere** sind unregelmäßig. Im Anhang finden Sie eine Liste aller unregelmäßigen Verben im Überblick. Häufige Verben sind **chiedere, leggere, mettere.** Von den Verben auf **-ire** sind neben anderen die häufig gebrauchten Verben **dire** und **venire** unregelmäßig.

		chiedere	leggere	mettere	dire	venire
Singular	io	chiesi	lessi	misi	dissi	venni
	tu	chiedesti	leggesti	mettesti	dicesti	venisti
	lui/lei/Lei	chiese	lesse	mise	disse	venne
Plural	noi	chiedemmo	leggemmo	mettemmo	dicemmo	venimmo
	voi	chiedeste	leggeste	metteste	diceste	veniste
	loro	chiẹsero	lẹssero	mịsero	dịssero	vẹnnero
		fragen	lesen	legen/stellen/setzen	sagen	kommen

Wie Sie erkennen können, haben die unregelmäßigen Verben auf **-ere** und **-ire** eine innere Systematik: Unregelmäßig sind lediglich die 1. und 3. Person Singular und die 3. Person Plural. Alle anderen Formen sind regelmäßig.

Chiese un favore a suo padre.	Er bat seinem Vater um einen Gefallen.
Disse: «Voglio comprare una bicicletta».	Er sagte: „Ich will ein Fahrrad kaufen."

4 Imperfekt

1. Gebrauch des Imperfekts

Das Imperfekt *(l'imperfetto)* ist eine einfache Zeitform der Vergangenheit. Es beschreibt Handlungen und Zustände, von denen man weder den Beginn noch das Ende kennt. Die Funktionen des Imperfekts sind grundsätzlich andere als die des deutschen Präteritums.

In questa foto mio padre **aveva** vent'anni.
Auf diesem Bild war mein Vater 20 Jahre alt.
Dormivo quando ha suonato il telefono.
Ich schlief, als das Telefon geklingelt hat.
Aveva un cappello rosso e **aspettava** qualcuno davanti al cinema.
Er/Sie hatte einen roten Hut und wartete auf jemanden vor dem Kino.

Das Imperfekt wird verwendet, um zu beschreiben, was früher war.

Da bambina ero alta e magra.	Als Kind war ich schlank und dünn.

Das Imperfekt wird verwendet, um regelmäßig wiederkehrende Vorgänge oder Gewohnheiten in der Vergangenheit zu bezeichnen. Sie beziehen sich nicht auf die Gegenwart.

Andavo a scuola in bici.	Ich fuhr mit dem Rad in die Schule.
Ci vedevamo ogni domenica.	Wir sahen uns jeden Sonntag.
Da bambino non mangiavo mai la minestra.	Als Kind aß ich nie Suppe.

Das Imperfekt wird verwendet, um Vorgänge zu bezeichnen, die zu einem bestimmten Zeitpunkt in der Vergangenheit begonnen haben.

Dov'eri sabato sera?	Wo warst du am Samstagabend?
Alle otto non eravamo ancora a casa.	Um 8 Uhr waren wir noch nicht zu Hause.

Das Imperfekt wird verwendet, wenn man von zwei oder mehreren gleichzeitig stattfindenden Vorgängen in der Vergangenheit spricht.

Mentre scrivevo la lettera ascoltavo la radio.
Während ich den Brief schrieb, hörte ich das Radio.

Das Imperfekt wird auch verwendet, um eine vergangene Handlung zu schildern, die zu einem bestimmten Zeitpunkt oder beim Einsetzen eines anderen Ereignisses noch nicht abgeschlossen war.

Era tardi. Mentre **guidava** verso casa ...
Es war spät. Während er nach Hause fuhr ...

... ad un certo punto **si è addormentato** ...
... ist er auf einmal eingeschlafen ...

... ed **è andato a finire** contro un albero.
... und er ist gegen einen Baum gefahren.

Es vermittelt den Eindruck einer in der Vergangenheit andauernden Handlung und kann deshalb bei Erzählungen eingesetzt werden, um Hintergrundinformationen zu liefern, während die eigentliche Handlungskette im *passato prossimo* oder *passato remoto* steht. (► Nr. 24.2, 24.3)

Era un giorno di gennaio. **Avevo** un appuntamento alle otto, ma non **ho sentito** la sveglia e cosi **sono arrivata** in ritardo.
Es war ein Tag im Januar. Ich hatte einen Termin um 8 Uhr, aber ich habe den Wecker nicht gehört und so bin ich verspätet angekommen.

C'era una volta una bambina che **si chiamava** Cappuccetto Rosso. Un giorno la mamma la **chiamò** e le **disse** ...
Es war einmal ein Kind, das Rotkäppchen hieß. Eines Tages rief sie die Mutter und sagte ihr ...

Das Imperfekt kann benutzt werden, um eine Absicht höflich zu formulieren.

Volevo regalarti una giacca.	Ich wollte dir eine Jacke schenken.
Volevo chiederti un favore.	Ich wollte dich um einem Gefallen bitten.

In der Umgangssprache kann das Imperfekt anstelle des Konditionals der Vergangenheit (► Nr. 26.2) verwendet werden. Im Konditionalsatz (*periodo ipotetico)* wird es oft anstelle des Konditionals der Vergangenheit und des Konjunktiv *trapassato* (► NR. 26.3) verwendet.

Potevamo anche non andare alla festa di Angelo.
Wir hätten auch nicht zur Angelos Party gehen können.
Dovevo dirglielo prima.
Ich hätte es ihm/ihr früher sagen müssen.
Se avevo soldi, compravo una macchina.
Wenn ich Geld gehabt hätte, hätte ich ein Auto gekauft.

2. Formen des Imperfekts

		lavorare	credere	sentire	essere	avere
Singular	io	lavoravo	credevo	sentivo	ero	avevo
	tu	lavoravi	credevi	sentivi	eri	avevi
	lui/lei/Lei	lavorava	credeva	sentiva	era	aveva
Plural	noi	lavoravamo	credevamo	sentivamo	eravamo	avevamo
	voi	lavoravate	credevate	sentivate	eravate	avevate
	loro	lavoravano	credevano	sentivano	erano	avevano
		arbeiten	glauben	hören	sein	haben

Das Imperfekt wird auf der vorletzten Silbe betont. Die 3. Person Plural wird auf der drittletzten Silbe betont.

3. Unregelmäßige Formen des Imperfekts

Die Verben **dire, bere, fare** und die Verben auf **-arre, -orre** und **-urre** bilden unregelmäßige Formen des Imperfekts.

		dire	bere	fare
Singular	io	dicevo	bevevo	facevo
	tu	dicevi	bevevi	facevi
	lui/lei/Lei	diceva	beveva	faceva
Plural	noi	dicevamo	bevevamo	facevamo
	voi	dicevate	bevevate	facevate
	loro	dicevano	bevevano	facevano
		sagen	trinken	machen/tun

		trarre	porre	tradurre
Singular	io	traevo	ponevo	traducevo
	tu	traevi	ponevi	traducevi
	lui/lei/Lei	traeva	poneva	traduceva
Plural	noi	traevamo	ponevamo	traducevamo
	voi	traevate	ponevate	traducevate
	loro	traẹvano	ponẹvano	traducẹvano
		ziehen	setzen/stellen/legen	übersetzen

Mio nonno mi **diceva** sempre di risparmiare.
Mein Großvater sagte mir immer, daß ich sparen sollte.
La mattina **beveva** sempre un cappuccino.
Morgens trank er immer einen Cappuccino.
Ogni fine settimana **traducevo** un testo dal latino.
Jedes Wochenende übersetzte ich einen Text aus dem Latein.

5 Plusquamperfekt

1. Gebrauch des *trapassato prossimo*

Das Plusquamperfekt ist eine zusammengesetzte Zeit der Vergangenheit. Es bezeichnet einen Vorgang, der vor einem anderen Vorgang in der Vergangenheit abgeschlossen war. Der andere Vorgang in der Vergangenheit wird im *passato prossimo*, im *imperfetto* oder im *passato remoto* ausgedrückt.

Ho risposto alla lettera che mi **aveva scritto** il mese scorso.
Ich habe den Brief beantwortet, den er mir letzten Monat geschrieben hatte.
Ero stanco perché **avevo lavorato** anche la notte.
Ich war müde, weil ich auch in der Nacht gearbeitet hatte.
Quando Luigi arrivò alla stazione, il treno **era** già **partito**.
Als Luigi am Bahnhof ankam, war der Zug schon abgefahren.

Das Plusquamperfekt wird auch in Hauptsätzen gebraucht, wenn ein Sprecher den damit zusammenhängenden Vorgang in der Vergangenheit als bekannt voraussetzt.

È vero! Non ci avevo pensato!
Es stimmt! Ich hatte nicht daran gedacht!
Non avevi ancora visto la mia nuova macchina?
Hattest du mein neues Auto noch nicht gesehen?

2. Formen des *trapassato prossimo*

Das *trapassato prossimo* wird gebildet mit der Imperfektform von **essere** oder **avere** und dem Partizip Perfekt.

		finire		partire	
Singular	io	avevo	finito	ero	partito/partita
	tu	avevi	finito	eri	partito/partita
	lui/lei/Lei	aveva	finito	era	partito/partita
Plural	noi	avevamo	finito	eravamo	partiti/partite
	voi	avevate	finito	eravate	partiti/partite
	loro	avevano	finito	erano	partiti/partite
		beenden		abfahren	

Quando sono venuto a trovarvi avevate appena finito di mangiare.
Als ich gekommen bin, um euch zu besuchen, wart ihr gerade mit dem Essen fertig.

Quando avete telefonato eravamo già partiti per Roma.
Als ihr angerufen habt, waren wir schon nach Rom abgefahren.

Zu den Imperfektformen von **avere** und **essere** ► Nr. 24.4.
Zur Bildung des Partizip Perfekt ► Nr. 29.2.
Zum Gebrauch von **essere** oder **avere** mit Partizip Perfekt ► Nr. 24.2.
Zur Anpassung des Partizip Perfekt ► Nr. 24.2.

6 Das trapassato remoto

1. Gebrauch des *trapassato remoto*

Das *trapassato remoto* ist eine zusammengesetzte Zeitform der Vergangenheit. Es bezeichnet einen Vorgang der Vergangenheit, der einer im *passato remoto* ausgedrückten Handlung unmittelbar vorausgeht. Von daher wird das *trapassato remoto* lediglich in Nebensätzen verwendet. Es steht in der Regel nach Zeitausdrücken wie **appena** (kaum), **dopo che** (nachdem) und **quando** (als).

Appena **ebbe finito** di scrivere la lettera, la imbucò.
Kaum hatte er den Brief zu Ende geschrieben, warf er ihn ein.

Dopo che **fu arrivata**, preparò da mangiare.
Nachdem sie angekommen war, bereitete sie das Essen vor.
Quando i genitori **furono usciti** i ragazzi si misero a ballare.
Als die Eltern ausgegangen waren, fingen die Jungen an zu tanzen.

2. Formen des *trapassato remoto*

Das *trapassato remoto* wird gebildet mit der *passato-remoto*-Form von essere oder avere und dem Partizip Perfekt.

		finire		partire	
Singular	io	ebbi	finito	fui	partito/partita
	tu	avesti	finito	fosti	partito/partita
	lui/lei/Lei	ebbe	finito	fu	partito/partita
Plural	noi	avemmo	finito	fummo	partiti/partite
	voi	aveste	finito	foste	partiti/partite
	loro	ebbero	finito	furono	partiti/partite
		beenden		abfahren	

Zu den *passato-remoto*-Formen von avere und essere ► Nr. 24.3.
Zur Bildung des Partizip Perfekt ► Nr. 29.2.
Zum Gebrauch von essere oder avere mit Partizip Perfekt ► Nr. 24.2.
Zur Anpassung des Partizip Perfekt ► Nr. 24.2.

7 Futur

1. Gebrauch des Futurs

Das Futur *(il futuro semplice)* ist eine einfache Zeitform der Zukunft. Sie entspricht der deutschen Form „werden + Infinitiv“: andrò = ich werde gehen. Für nahe liegende Vorgänge in der Zukunft wird häufig das Präsens verwendet. (► Nr. 24.1)

Domani non **mangerò** carne.
Morgen werde ich kein Fleisch essen.
L’anno prossimo **andremo** in Africa.
Nächstes Jahr werden wir nach Afrika fahren.

Das Futur kann auch Vermutungen und Befehle (statt des modalen Ausdrucks **dovere** + Infinitiv) ausdrücken.

- **Perché Laura non viene con noi?** – **Non ne avrà voglia.**
  Warum kommt Laura nicht mit uns? – Sie wird keine Lust haben.
- **Saranno le sette e mezza.**
  Es wird 7.30 Uhr sein.
- **Voi farete quello che dico io!**
  Ihr werdet tun, was ich sage!

Das Futur kann benutzt werden, um eine Einschränkung auszudrücken. Hierbei wird klar, dass man selber aber nicht der gleichen Meinung ist oder zumindest Zweifel hegt.

Sarà così, ma non ci credo.
Es wird so sein, aber ich glaube es nicht.
Avrà ragione, ma non lo può provare.
Er wird doch Recht haben, aber er kann das nicht beweisen.
Sarà un bravo ragazzo, ma non si sa comportare bene.
Er wird schon ein guter Junge sein, aber er kann sich nicht gut benehmen.

Stare per + Infinitiv und **essere sul punto di** (im Begriff sein …) + Infinitiv drücken eine Handlung in der nahen Zukunft aus, die im Deutschen mit „gleich" umschrieben wird. Damit kann die Futurform umgangen werden. Diese Formen können auch in der Vergangenheitsform stehen und bedeuten dann „gerade".

Fährst du gleich los? Ja, ich fahre nach Rom.

Sto per uscire.
Ich gehe gleich aus.

Sono sul punto di gridare.
Ich bin im Begriff zu schreien.

Stavo per mangiare.
Ich wollte gerade essen.

2. Formen des Futurs

		lavorare	credere	sentire	essere	avere
Singular	io	lavorerò	crederò	sentirò	sarò	avrò
	tu	lavorerai	crederai	sentirai	sarai	avrai
	lui/lei/Lei	lavorerà	crederà	sentirà	sarà	avrà
Plural	noi	lavoreremo	crederemo	sentiremo	saremo	avremo
	voi	lavorerete	crederete	sentirete	sarete	avrete
	loro	lavoreranno	crederanno	sentiranno	saranno	avranno
		arbeiten	glauben	hören	sein	haben

Die Verben auf **-are** und **-ere** haben dieselben Endungen. Die 1. und die 3. Person Singular sind endbetont und tragen daher einen Akzent. Alle anderen Formen werden auf der vorletzten Silbe betont.

Verben auf **-care** und **-gare** werden mit einem eingeschobenen **-h-** geschrieben, damit der Lautwert von **-c-** und **-g-** erhalten bleibt: **cercherò**, **pagherò** (ich werde suchen, ich werde bezahlen).

Verben auf **-ciare** und **-giare** verlieren vor der Futurendung das **i**: **comincerò** (ich werde anfangen), **mangerò** (ich werde essen), **lascerò** (ich werde lassen). Lediglich die Verben, bei denen das **i** in der Konjugation betont wird, behalten es: **invierò** (ich werde senden), **scierò** (ich werde Ski fahren).

Verben, deren Stamm auf **-e** endet, behalten das **-e**: **creare – creerò** (schaffen), **laurearsi – mi laureerò** (das Studium abschließen).

3. Unregelmäßige Formen des Futurs

Von den Verben auf **-are** sind **andare**, **dare**, **fare** und **stare** unregelmäßig:

		andare	dare	fare	stare
Singular	io	andrò	darò	farò	starò
	tu	andrai	darai	farai	starai
	lui/lei/Lei	andrà	darà	farà	starà
Plural	noi	andremo	daremo	faremo	staremo
	voi	andrete	darete	farete	starete
	loro	andranno	daranno	faranno	staranno
		gehen/fahren	geben	machen/tun	bleiben

Domani **andrò** da mia zia.
Morgen werde ich zu meiner Tante fahren.
La settimana prossima ti **darò** i documenti che ti servono.
Nächste Woche werde ich dir die Akten geben, die du brauchst.

Die Verben auf -ere, deren Betonung im Infinitiv auf der vorletzten Silbe (-ẹre) liegt, verlieren das e: cadere – cadrò (fallen), dovere – dovrò (müssen/sollen), potere – potrò (können/dürfen), sapere – saprò (wissen), vedere – vedrò (sehen). Aber auch: vivere – vivrò (leben).

Domani **dovrò** andare a Torino.	Morgen werde ich nach Turin fahren müssen.
Vedremo cosa possiamo fare.	Wir werden sehen, was wir tun können.
Vivrai a lungo.	Du wirst lange leben.

Folgende Verben haben die Futurform mit doppeltem -rr-: bere – berrò (trinken), rimanere – rimarrò (bleiben), tenere – terrò (halten), tradurre – tradurrò (übersetzen), valere – varrò (gelten), venire – verrò (kommen), volere – vorrò (wollen).

Stasera **rimarrò** a casa.	Heute Abend werde ich zu Hause bleiben.
Domani **verrò** da te.	Morgen werde ich zu dir kommen.

8 Futur II oder zusammengesetztes Futur

1. Gebrauch des Futur II

Das Futur II *(il futuro anteriore)* ist eine zusammengesetzte Zeitform und wird vor allem in Nebensätzen verwendet. Es bezeichnet eine Handlung, die gegenüber einem Vorgang der Zukunft vorzeitig und abgeschlossen ist. Steht im Hauptsatz Futur I, so steht im Nebensatz Futur II, wenn in ihm die Handlung ausgedrückt wird, die vor dem Eintritt der Handlung des Hauptsatzes vollendet sein wird. Das Futur II steht in der Regel nach Zeitausdrücken wie appena (sobald), dopo che (nachdem), quando (wenn). In der Umgangssprache wird das Futur II oft durch das *passato prossimo* ersetzt.

Farò le pulizie appena **avrò mangiato**.
Ich werde putzen, sobald ich gegessen habe.
Ci crederò solo dopo che me l'**avrete dimostrato**.
Ich werde es glauben, nur nachdem ihr es mir bewiesen habt.

Das Futur II kann verwendet werden, um eine Vermutung hinsichtlich eines vergangenen Ereignisses oder Sachverhalts auszudrücken.

Ci saranno state 10.000 persone in piazza.
Es werden wohl 10.000 Leute auf dem Platz gewesen sein.
Sarà stato anche così, ma non ci credo.
Es wird wohl so gewesen sein, aber ich glaube es nicht.
Avrò lavorato più di otto ore.
Ich werde vielleicht mehr als 8 Stunden gearbeitet haben.

2. Formen des Futur II

Das Futur II wird mit der Futurform von **essere** oder **avere** und dem Partizip Perfekt des Vollverbs gebildet.

		finire		partire	
Singular	io	avrò	finito	sarò	partito/partita
	tu	avrai	finito	sarai	partito/partita
	lui/lei/Lei	avrà	finito	sarà	partito/partita
Plural	noi	avremo	finito	saremo	partiti/partite
	voi	avrete	finito	sarete	partiti/partite
	loro	avranno	finito	saranno	partiti/partite
		beenden		abfahren	

Avrai finito di lavorare alle 18.00?
Wirst du um 18.00 Uhr die Arbeit beendet haben?
Saranno andati con l'aereo o con il treno?
Werden sie geflogen oder mit dem Zug gefahren sein?

Zu den Futurformen von **avere** und **essere** ► NR. 24.7.
Zur Bildung des Partizip Perfekt ► NR. 29.2.
Zum Gebrauch von **avere** oder **essere** mit Partizip Perfekt ► NR. 24.2.
Zur Anpassung des Partizip Perfekt ► NR. 24.2.

25 Die Zeiten des Konjunktivs

Der Konjunktiv *(il congiuntivo)* ist der Modus der subjektiven Aussage. Er drückt Wünsche, Hoffnungen, Meinungen, Unsicherheit und Zweifel aus und wird vor allem in Nebensätzen verwendet.

Questo film ha avuto due Oscar: credo che sia un buon film.
Dieser Film hat zwei Oscar erhalten: Ich glaube, dass er ein guter Film ist.
Speriamo che venga anche Stefania.
Hoffentlich kommt auch Stefania.
Non sono sicuro che tu abbia ragione.
Ich bin nicht sicher, ob du Recht hast.
Mi fa piacere che mi abbiate scritto.
Ich freue mich, dass ihr mir geschrieben habt.
Ieri è stata una giornata freddissima ... se almeno ci fosse stato il sole!
Gestern ist ein sehr kalter Tag gewesen ... wenn mindestens die Sonne geschienen hätte.

1 Gebrauch des Konjunktivs

1. Konjunktiv im Hauptsatz

Im Hauptsatz steht der Konjunktiv in folgenden Fällen:

Die Formen der 3. Person Singular Konjunktiv Präsens übernehmen die Funktion des Imperativs (Befehlsform) in der höflichen Anrede (der sogenannte *imperativo di cortesia*).

Mi dica.	Sagen Sie mir.
Si accomodi, prego.	Nehmen Sie bitte Platz.

Bei vorausgehendem **che** wird der Konjunktiv für Vermutungen gebraucht.

Che sia possibile?	=	**Forse è possibile.**
Sollte es möglich sein?		Vielleicht ist es möglich.
Che tu abbia la febbre?	=	**Forse hai la febbre.**
Solltest du Fieber haben?		Vielleicht hast du Fieber.

Der Konjunktiv wird auch bei Wünschen, die unerfüllbar sind oder scheinen, gebraucht.

(Se) fosse bel tempo!	Wenn das Wetter schön wäre!
Non l'avessi mai fatto!	Das hätte ich nie gemacht!

2. Konjunktiv im Nebensatz

Der Konjunktiv steht nach bestimmten Wendungen wie **penso che** (ich denke, dass), **mi sembra che** (es scheint mir, dass), **mi pare che** (es scheint mir, dass) und gibt Meinungen wieder. Auflistung der Wendungen, nach denen der Konjunktiv steht ► Nr. 25.6.

> **Penso che sia importante dire la verità.**
> Ich denke, dass es wichtig ist, die Wahrheit zu sagen.
> **Mi sembra che Antonio abbia dei problemi.**
> Es scheint mir, dass Antonio Probleme hat.

Bei einer Notwendigkeit kann ebenfalls der Konjunktiv verwendet werden.

> **È necessario che Lei vada da un avvocato.**
> Es ist notwendig, dass Sie zu einem Rechtsanwalt gehen.
> **Bisogna che tu metta in ordine la tua stanza.**
> Du musst dein Zimmer aufräumen.

Der Konjunktiv wird verwendet, um Gefühle auszudrücken.

> **Sono contento che Anna venga a trovarci.**
> Ich freue mich, dass Anna uns besuchen wird.
> **Temiamo che abbiate fatto uno sbaglio.**
> Wir fürchten, dass ihr einen Fehler gemacht habt.

Zweifel und Unsicherheit werden ebenfalls mit dem Konjunktiv wiedergegeben.

> **Dubito che le cose stiano davvero così.**
> Ich bezweifle, dass die Dinge wirklich so sind.
> **Non sono sicuro che lui abbia detto la verità.**
> Ich bin nicht sicher, dass er die Wahrheit gesagt hat.

Der Konjunktiv steht auch bei Aufforderungen, Wünschen und Willensäußerungen.

> **Voglio che lui mi aiuti.**
> Ich will, dass er mir hilft.
> **Speravamo che arrivasse in tempo.**
> Wir hofften, dass er rechtzeitig kam.

Nach einem Superlativ steht das Prädikat des Relativsatzes im Konjunktiv.

> **L'Italia è il paese più bello che io abbia mai visto.**
> Italien ist das schönste Land, das ich je gesehen habe.

Questa è la macchina più veloce che abbia mai guidato.
Das ist das schnellste Auto, das ich je gefahren bin.

In Relativsätzen steht der Konjunktiv, wenn im Hauptsatz eine Person oder Sache erwähnt wird, die gewisse im Relativsatz näher bestimmte Eigenschaften oder Fähigkeiten haben soll. Außerdem steht der Konjunktiv nach einigen Konjunktionen ► NR. 25.6.

Cerco una segretaria che sappia parlare il tedesco.
Ich suche eine Sekretärin, die Deutsch sprechen kann.
Vorrei un amico che mi capisca.
Ich möchte einen Freund, der mich versteht.

Bei Gleichheit des Subjekts werden die Hauptsätze durch Infinitivanschluss erweitert. Hier ist der Gebrauch des Konjunktivs nicht möglich.

Sono contento **di essere** qui.	Ich freue mich, hier zu sein.
Mi sembra **di avere** la febbre.	Es scheint mir, dass ich Fieber habe.

2 Konjunktiv Präsens

1. Die Formen des Konjunktiv Präsens

		lavor**are**	cred**ere**	sent**ire**	essere	avere
Singular	io	lavor**i**	cred**a**	sent**a**	sia	abbia
	tu	lavor**i**	cred**a**	sent**a**	sia	abbia
	lui/lei/Lei	lavor**i**	cred**a**	sent**a**	sia	abbia
Plural	noi	lavor**iamo**	cred**iamo**	sent**iamo**	siamo	abbiamo
	voi	lavor**iate**	cred**iate**	sent**iate**	siate	abbiate
	loro	lavọr**ino**	crẹd**ano**	sẹnt**ano**	sịano	ạbbiano
		arbeiten	glauben	hören	sein	haben

Die 1. Person Plural des Konjunktiv Präsens *(il congiuntivo presente)* ist identisch mit der 1. Person Plural des Indikativ Präsens.

Mi auguro che Gianna trovi presto un lavoro.
Ich wünsche mir, dass Gianna bald eine Arbeit findet.
Vogliamo che tu sia felice.
Wir möchten, dass du glücklich bist.

Die stammerweiterten Verben auf **-ire** (► NR. 24.1) hängen die Konjunktiv-Präsens-Endung an die Erweiterung mit **-isc-**: **finire** (beenden): **finisca, finisca, finisca, finiamo, finiate, finịscano.**

Da sich die Singularformen nicht voneinander unterscheiden, werden die Personalpronomen zur Klärung verwendet, wenn es sich um Personen handelt. Bei Sachen und Sachverhalten in der 3. Person Singular werden sie jedoch nicht verwendet.

Siamo contenti che tu ti sposi.	Wir freuen uns, dass du heiratest.
Mi pare che Lei sia un po' stanco.	Es scheint mir, dass Sie ein bisschen müde sind.
È giusto che sia così.	Es ist richtig, dass es so ist.

2. Unregelmäßige Formen des Konjunktiv Präsens

U. a. bilden die Verben **andare, fare, dare, stare, sapere, dire** und **venire** unregelmäßige Formen im Konjunktiv Präsens:

		andare	fare	dare	stare
Singular	io	vada	faccia	dia	stia
	tu	vada	faccia	dia	stia
	lui/lei/Lei	vada	faccia	dia	stia
Plural	noi	andiamo	facciamo	diamo	stiamo
	voi	andiate	facciate	diate	stiate
	loro	vạdano	fạcciano	dịano	stịano
		gehen/fahren	machen/tun	geben	bleiben

		sapere	dire	venire
Singular	io	sappia	dica	venga
	tu	sappia	dica	venga
	lui/lei/Lei	sappia	dica	venga
Plural	noi	sappiamo	diciamo	veniamo
	voi	sappiate	diciate	veniate
	loro	sạppiano	dịcano	vẹngano
		wissen	sagen	kommen

Il dottore vuole che io **faccia** più sport.
Der Arzt will, dass ich mehr Sport treibe.
Non penso che mi **diano** tre settimane di vacanze.
Ich denke nicht, dass sie mir drei Wochen Urlaub geben.

Die Singularformen (**io, tu, lui/lei/Lei**) des Konjunktiv Präsens werden in der Regel gebildet, indem ein **-a**, die der 3. Person Plural (**loro**), indem die Endung **-ano** an den Stamm der 1. Person Singular des Präsens Indikativ gehängt wird:

	Indikativ Präsens	Konjunktiv Präsens		
Infinitiv	1. Person Singular	1.–3. Person Singular	3. Person Plural	
andare	vado	vada	vadano	gehen/fahren
potere	posso	possa	possano	können/dürfen
volere	voglio	voglia	vogliano	wollen
venire	vengo	venga	vengano	kommen

Die 1. Person Plural ist identisch mit der des Indikativs. Die 2. Person Plural (**voi**) des Konjunktiv Präsens wird gebildet, indem die Endung **-iate** an den Stamm der 1. Person Plural des Präsens Indikativ gehängt wird:

	Indikativ Präsens	Konjunktiv Präsens	
Infinitiv	1. Person Plural	1. Person Plural	2. Person Plural
andare	andiamo	andiamo	andiate
potere	possiamo	possiamo	possiate
volere	vogliamo	vogliamo	vogliate
venire	veniamo	veniamo	veniate

3 Konjunktiv Imperfekt

1. Besonderer Gebrauch des Konjunktiv Imperfekt

Der Konjunktiv Imperfekt *(il congiuntivo imperfetto)* steht bei unerfüllbaren Wünschen.

Se solo **avessi** più tempo ...	Wenn ich nur ein bisschen mehr Zeit hätte ...
Magari **fosse** così!	Wenn es doch so wäre!

Der Konjunktiv Imperfekt wird gebraucht, um Vergleiche auszudrücken. **Come se** (als ob) verlangt stets den Konjunktiv Imperfekt.

> **Si comporta come se fosse già adulto.**
> Er benimmt sich, als ob er schon ein Erwachsener wäre.
> **Gli voglio bene come se fosse mio figlio.**
> Ich liebe ihn, als ob er mein Sohn wäre.

Steht der Hauptsatz in einem Vergangenheitstempus (Imperfekt, *passato prossimo*, *passato remoto*, *trapassato prossimo*, *condizionale passato*), so wird im Nebensatz Konjunktiv Imperfekt benutzt, um eine gleichzeitige Handlung auszudrücken. Zur Zeitenfolge im konjunktivischen Nebensatz ► NR. 25.7.

> **Era contento che Anna fosse con lui.**
> Er freute sich, dass Anna mit ihm war.
> **Ha pensato che qualcuno potesse scoprirlo.**
> Er hat gedacht, dass jemand ihn entdecken konnte.

Um eine unwahrscheinliche (aber nicht unmögliche) Bedingung oder eine reine Annahme im Konditionalsatz auszudrücken, wird der Konjunktiv Imperfekt verwendet. (Zum Konjunktiv Imperfekt im Konditionalsatz ► NR. 26.3.)

> **Se avessi abbastanza soldi, andrei in America.**
> Wenn ich genug Geld hätte, würde ich nach Amerika fahren.
> **Se potessi, verrei subito da te.**
> Wenn ich könnte, würde ich sofort zu dir kommen.
> **Se la vedessimo, le parleremmo.**
> Wenn wir sie sehen würden, würden wir mit ihr sprechen.

2. Formen des Konjunktiv Imperfekt

		lavorare	credere	sentire	essere	avere
Singular	io	lavorassi	credessi	sentissi	fossi	avessi
	tu	lavorassi	credessi	sentissi	fossi	avessi
	lui/lei/Lei	lavorasse	credesse	sentisse	fosse	avesse

		lavorare	credere	sentire	essere	avere
Plural	noi	lavorassimo	credessimo	sentissimo	fossimo	avessimo
	voi	lavoraste	credeste	sentiste	foste	aveste
	loro	lavorassero	credessero	sentissero	fossero	avessero
		arbeiten	glauben	hören	sein	haben

Ein Merkmal der Formen des Konjunktiv Imperfekt ist -ss-. Es kommt in allen Formen außer bei der 2. Person Plural vor.

4 Konjunktiv passato

Formen des Konjunktiv *passato*

Der Konjunktiv *passato (il congiuntivo passato)* wird mit der Konjunktiv-Präsens-Form von **essere** oder **avere** und dem Partizip Perfekt gebildet.

		finire		partire	
Singular	io	abbia	finito	sia	partito/partita
	tu	abbia	finito	sia	partito/partita
	lui/lei/Lei	abbia	finito	sia	partito/partita
Plural	noi	abbiamo	finito	siamo	partiti/partite
	voi	abbiate	finito	siate	partiti/partite
	loro	abbiano	finito	siano	partiti/partite
		beenden		abfahren	

Credo che Fabio **abbia fatto** un viaggio in Asia.
Ich glaube, dass Fabio eine Reise in Asien gemacht hat.
Gli voglio bene, benché **sia stato** sempre un po' strano con me.
Ich liebe ihn, obwohl er immer ein bisschen komisch zu mir gewesen ist.

Zur Zeitenfolge im konjunktivischen Nebensatz ► Nr. 25.7.
Zu den Konjunktiv-Präsens-Formen von **avere** und **essere** ► Nr. 25.1.
Zur Bildung des Partizip Perfekt ► Nr. 29.2.
Zum Gebrauch von **essere** oder **avere** mit Partizip Perfekt ► Nr. 24.2.
Zur Anpassung des Partizip Perfekt ► Nr. 24.2.

5 Konjunktiv trapassato

1. Besonderer Gebrauch des Konjunktiv *trapassato*

Der Konjunktiv *trapassato (il congiuntivo trapassato)* drückt eine nicht mehr erfüllbare Bedingung eines Konditionalsatzes aus. (► NR. 26.3)

Se lo **avessi saputo** prima, non l'avrei fatto.
Wenn ich es früher erfahren hätte, hätte ich es nicht gemacht.
Se **avessi avuto** un cane, l'avrei chiamato Bobi.
Wenn ich einen Hund gehabt hätte, hätte ich ihn Bobi genannt.
Se tu mi **avessi detto** che non c'eri, non sarei venuta.
Wenn du mir gesagt hättest, dass du nicht da sein würdest, wäre ich nicht gekommen.

2. Formen des Konjunktiv *trapassato*

Der Konjunktiv *trapassato* wird mit der Konjunktiv-Imperfekt-Form von **essere** oder **avere** und dem Partizip Perfekt gebildet.

		finire		partire	
Singular	io	avessi	finito	fossi	partito/partita
	tu	avessi	finito	fossi	partito/partita
	lui/lei/Lei	avesse	finito	fosse	partito/partita
Plural	noi	avessimo	finito	fossimo	partiti/partite
	voi	aveste	finito	foste	partiti/partite
	loro	avessero	finito	finito	partiti/partite
		beenden		abfahren	

Zu den Konjunktiv-Imperfekt-Formen von **avere** und **essere** ► NR. 25.3.
Zur Bildung des Partizip Perfekt ► NR. 29.2.
Zum Gebrauch von **essere** oder **avere** mit Partizip Perfekt ► NR. 24.2.
Zur Anpassung des Partizip Perfekt ► NR. 24.2.

6 Wendungen und Konjunktionen, die den Konjunktiv auslösen

1. Nach z. B. folgenden Ausdrücken steht der Konjunktiv, wenn der Nebensatz mit **che** (dass) eingeleitet wird:

bisogna che es ist nötig, dass	**è bello che** es ist schön, dass	**è bene che** es ist gut, dass
è facile che es ist einfach, dass	**è giusto che** es ist richtig, dass	**è impossibile che** es ist unmöglich, dass
è improbabile che es ist unwahrscheinlich, dass	**è inevitabile che** es ist unvermeidbar, dass	**è inutile che** es ist unnötig, dass
è logico che es ist logisch, dass	**è male che** es ist schlecht, dass	**è meglio che** es ist besser, dass
è naturale che es ist selbstverständlich, dass	**è necessario che** es ist nötig, dass	**è opportuno che** es ist richtig/günstig, dass
è ora/tempo che es ist Zeit, dass	**è possibile che** es ist möglich, dass	**è probabile che** es ist wahrscheinlich, dass
è raro che es ist seltsam, dass	**è strano che** es ist komisch, dass	**è una bugia che** es ist eine Lüge, dass
è una fortuna che es ist ein Glück, dass	**è una sfortuna che** es ist ein Pech, dass	**è una vergogna che** es ist eine Schande, dass
è utile che es ist nützlich, dass	**peccato che** schade, dass	**può darsi che** es kann sein, dass

È meglio che tu venga a casa.
Es ist besser, dass du nach Hause kommst.
È probabile che il governo aumenti le tasse.
Es ist wahrscheinlich, dass die Regierung die Steuern erhöht.

2. Nach z. B. folgenden Verben steht ebenfalls der Konjunktiv, wenn der Nebensatz mit **che** angeschlossen wird:

aspettare che erwarten, dass	**avere paura che** Angst haben, dass	**avere l'impressione che** den Eindruck haben, dass
credere che glauben, dass	**desiderare che** wünschen, dass	**dubitare che** bezweifeln, dass
escludere che ausschließen, dass	**essere contento che** sich freuen, dass	**essere convinto che** überzeugt sein, dass

essere dell'opinione che der Meinung sein, dass	essere del parere che der Meinung sein, dass	essere felice che glücklich sein, dass
essere fiero che stolz sein, dass	essere soddisfatto che zufrieden sein, dass	essere sorpreso che überrascht sein, dass
evitare che vermeiden, dass	fare attenzione che aufpassen, dass	immaginarsi che sich vorstellen, dass
impedire che verhindern, dass	lamentarsi che sich beschweren, dass	meravigliarsi che bewundern, dass
mi dispiace che es tut mir Leid, dass	mi fa piacere che ich freue mich, dass	mi pare che es scheint mir, dass
mi piace che es gefällt mir, dass	mi sa che es scheint mir, dass	non vedere l'ora che es kaum erwarten können, dass
pensare che denken, dass	permettere che erlauben, dass	preferire che bevorzugen, dass
pregare che beten, dass	sembrare che scheinen, dass	sospettare che verdächtigen, dass
sperare che hoffen, dass	temere che fürchten, dass	vergognarsi che sich schämen, dass
vietare che verbieten, dass	volere che wollen, dass	

Aspetto che mi vengano a prendere. Ich erwarte, dass sie mich abholen.
Fa' attenzione che tutto vada bene. Pass auf, dass alles gut läuft.

Grundsätzlich lässt sich feststellen, dass der Konjunktiv subjektive Informationen wiedergibt. Von daher können weitere Wendungen und Verben den Konjunktiv verlangen, wenn sie dem in 25.1 dargelegten Gebrauch des Konjunktivs entsprechen.

3. Schließlich steht der Konjunktiv nach folgenden Konjunktionen:

a condizione che / purché — vorausgesetzt, dass
benché/sebbene — obwohl
a meno che — es sei denn

nel caso che	im Fall / falls
prima che	bevor
senza che	ohne dass
non che	nicht dass
affinché/perché	damit

Non ho mai soldi, **benché** non spenda molto.
Ich habe nie Geld, obwohl ich nicht viel ausgebe.
Parlagli adesso, **prima che** parta per le vacanze.
Sprich jetzt mit ihm, bevor er in den Urlaub fährt.

In all diesen Fällen muss bei abhängigen Sätzen die Zeitenfolge beachtet werden. (► NR. 25.7)

7 Zeitenfolge im konjunktivischen Nebensatz

In dem folgenden Schema können Sie nachlesen, wie Haupt- und Nebensätze miteinander verbunden werden können. Natürlich sind die Möglichkeiten in der gesprochenen Sprache weitaus größer, aber das Schema dient als Anhaltspunkt zum korrekten Tempusgebrauch.

Steht das Prädikat des Hauptsatzes im Präsens (oder Futur I), so steht das Prädikat des Nebensatzes bei Gleichzeitigkeit im Konjunktiv Präsens, bei Vorzeitigkeit im Konjunktiv *passato* und bei Nachzeitigkeit im Futur I oder Konjunktiv Präsens.

Gleichzeitigkeit: Handlungen von Haupt- und Nebensatz geschehen gleichzeitig.
Vorzeitigkeit: Handlung des Nebensatzes geschieht vor der des Hauptsatzes.
Nachzeitigkeit: Handlung des Nebensatzes geschieht nach der des Hauptsatzes.

Hauptsatz	Konjunktion	Nebensatz bei	
Credo (Crederò) Ich glaube, (Ich werde glauben,)	che dass	parta er/sie abfährt	Gleichzeitigkeit
		sia partito er abgefahren ist	Vorzeitigkeit
		partirà, parta er/sie abfahren wird	Nachzeitigkeit

Steht das Prädikat des Hauptsatzes in einer Vergangenheitsform, so steht das Prädikat des Nebensatzes bei Gleichzeitigkeit im Konjunktiv Imperfekt, bei Vorzeitigkeit im Konjunktiv *trapassato* und bei Nachzeitigkeit im Konditional der Vergangenheit.

Hauptsatz	Konjunktion	Nebensatz bei	
Credevo Ho creduto (Credei Avevo creduto) Ich glaubte, Ich habe geglaubt, (Ich glaubte, Ich hatte geglaubt,)	che dass	partisse er/sie abfährt/abfuhr	Gleichzeitigkeit
		fosse partito er abgefahren war	Vorzeitigkeit
		sarebbe partito er abfahren wird	Nachzeitigkeit

Steht das Verb des Hauptsatzes im Konditional, so steht im Nebensatz der Konjunktiv Imperfekt oder *trapassato*, je nach dem Sinn des Satzes:

Mi farebbe piacere che tu venissi.
Ich würde mich freuen, dass du kommst.
Vorrei che avessimo già finito.
Ich wünschte mir, dass wir schon fertig wären.

26 Die Zeiten des Konditionals

Der Konditional *(il condizionale)* ist der Modus der bedingten Möglichkeit und Wahrscheinlichkeit. Er wird gebraucht, um höfliche Anfragen, Vorschläge und Vermutungen auszudrücken. Dieser Modus kennt nur zwei Zeitformen: den Konditional Präsens *(condizionale presente o semplice)* für die Gegenwart und den Konditional der Vergangenheit *(condizionale passato o composto)*.

Vorrei un chilo di mele, per favore.
Ich möchte ein Kilo Äpfel, bitte.
Stasera **andrei** volentieri al cinema.
Heute Abend würde ich gerne ins Kino gehen.
Dovresti mangiare di meno, per tornare al tuo peso forma.
Du solltest weniger essen, um dein Idealgewicht wiederzubekommen.

1 Konditional Präsens

1. Gebrauch des Konditional Präsens

Der Konditional Präsens wird verwendet, um aktuelle Wünsche, höfliche Bitten oder Absichten auszudrücken. Grundsätzlich drückt der Konditional jede gestellte Frage höflicher aus als der Indikativ Präsens.

Ich möchte gerne vier Wochen in der Sonne verbringen.
Und mir würde es sehr gefallen, dir zu folgen!

Vorrei provare questa giacca.
Ich möchte diese Jacke anprobieren.
Mi passeresti il sale?
Würdest du mir das Salz reichen?
Ci piacerebbe vederti.
Wir würden uns freuen, dich zu sehen.
Scusi, saprebbe dirmi dov'è l'ufficio postale?
Entschuldigen Sie, könnten Sie mir sagen, wo die Post ist?

Um Ratschläge, Vorschläge, Möglichkeiten und abgeschwächte Meinungen auszudrücken, kann ebenfalls der Konditional Präsens gebraucht werden. Dabei klingt der Satz nicht aufdringlich, der Sprecher bringt höflich etwas vor.

Dovrebbe lavorare di più.
Er sollte mehr arbeiten.
Potreste andare a teatro.
Ihr könntet ins Theater gehen.
Se fossi in te, farei un lungo viaggio.
An deiner Stelle würde ich eine lange Reise machen.
Sapresti darmi la risposta giusta?
Könntest du mir die richtige Antwort geben?
Con questo tempo, per me sarebbe meglio non uscire.
Bei diesem Wetter wäre es für mich besser, nicht auszugehen.

Der Konditional gibt auch Vermutungen oder halboffizielle Mitteilungen wieder, die im Deutschen mit „sollen" übersetzt werden.

Il ministro degli esteri si recherebbe presto negli Stati Uniti.
Der Außenminister soll (angeblich) bald in die USA fahren.
La signora Diamanti sarebbe la donna più ricca del mondo.
Frau Diamanti soll die reichste Frau der Welt sein.

2. Formen des Konditional Präsens

		lavor**are**	cred**ere**	sent**ire**
Singular	io	lavor**erei**	cred**erei**	sent**irei**
	tu	lavor**eresti**	cred**eresti**	sent**iresti**
	lui/lei/Lei	lavor**erebbe**	cred**erebbe**	sent**irebbe**
Plural	noi	lavor**eremmo**	cred**eremmo**	sent**iremmo**
	voi	lavor**ereste**	cred**ereste**	sent**ireste**
	loro	lavor**erẹbbero**	cred**erẹbbero**	sent**irẹbbero**
		arbeiten	glauben	hören

		essere	avere
Singular	io	sarei	avrei
	tu	saresti	sarebbe
	lui/lei/Lei	sarebbe	avrebbe
Plural	noi	saremmo	avremmo
	voi	sareste	avreste
	loro	sarẹbbero	avrẹbbero
		sein	haben

Die Endung **-ei** wird getrennt (**e-i**) ausgesprochen, also nicht wie im deutschen „Ei". Die Betonung erfolgt auf der vorletzten Silbe, lediglich die 3. Person Plural wird auf der drittletzten Silbe betont.

Die Besonderheiten bei der Bildung des Konditional Präsens (unregelmäßige Formen usw.) betreffen dieselben Verben wie beim Futur. (► Nr. 24.7)

2 Konditional der Vergangenheit

1. Gebrauch des Konditional der Vergangenheit

Der Konditional der Vergangenheit wird gebraucht, um eine Schlußfolgerung aus einer nicht mehr realisierbaren Bedingung auszudrücken.

> Se avessi avuto abbastanza soldi, **avrei comprato** una macchina.
> Wenn ich genug Geld gehabt hätte, hätte ich ein Auto gekauft.
> Se fossi venuto prima, **avresti potuto** vedere tutto lo spettacolo.
> Wenn du früher gekommen wärest, hättest du die ganze Aufführung sehen können.

Um eine zu einem Zeitpunkt in der Vergangenheit zukünftige Handlung auszudrücken *(futuro del passato)*, wird der Konditional der Vergangenheit gebraucht.

> Pensavo che avresti fatto un viaggio in Norvegia.
> Ich dachte, du würdest nach Norwegen fahren.
> Diceva che sarebbe partito per Roma.
> Er sagte, er würde nach Rom fahren.

⚠ Im Deutschen wird hier Konjunktiv II benutzt.

2. Formen des Konditional der Vergangenheit

Der Konditional der Vergangenheit wird mit der Konditional-Präsens-Form von **essere** oder **avere** und dem Partizip Perfekt gebildet.

		finire		partire	
Singular	io	avrei	finito	sarei	partito/partita
	tu	avresti	finito	saresti	partito/partita
	lui/lei/Lei	avrebbe	finito	sarebbe	partito/partita
Plural	noi	avremmo	finito	saremmo	partiti/partite
	voi	avreste	finito	sareste	partiti/partite
	loro	avrebbero	finito	sarebbero	partiti/partite
		beenden		abfahren	

Zu den Konditional-Präsens-Formen von **avere** und **essere** ► NR. 26.1.
Zur Bildung des Partizip Perfekt ► NR. 29.2.

Zum Gebrauch von **essere** oder **avere** mit Partizip Perfekt ► NR. 24.2.
Zur Anpassung des Partizip Perfekt ► NR. 24.2.

3 Die Zeitenfolge im Konditionalsatz

Im Konditionalsatz *(periodo ipotetico o proposizione condizionale)* steht die Bedingung oder Voraussetzung für eine Handlung im Hauptsatz, die unter der Bedingung folgende Handlung im Nebensatz.

Die gleichbedeutenden Ausdrücke von **se** (**a condizione che** – vorausgesetzt, dass / unter der Bedingung, dass; **a patto che** – unter der Bedingung, dass; **qualora** – falls; **purché** – vorausgesetzt, dass) leiten allerdings Nebensätze mit Konjunktiv ein. (► NR. 25.6)

Se piove, non possiamo andare in piscina.
Wenn es regnet, können wir nicht ins Schwimmbad gehen.
Se tu mi avessi telefonato, sarei venuta a prenderti.
Wenn du mich angerufen hättest, hätte ich dich abgeholt.
Lo farò volentieri, a condizione che me lo chieda di persona.
Ich werde es gerne tun, unter der Bedingung, dass er mich persönlich fragt.

Die durch **se** eingeleiteten Sätze lassen sich in drei Gruppen einteilen:

1. se + Indikativ ► Indikativ

mögliche Bedingung

Steht im **se**-Satz eine Verbform im Indikativ, so steht auch der Hauptsatz im Indikativ. Auf diese Weise werden eine mögliche Bedingung, die in der Zukunft (auch im nächsten Moment) eintritt, und die aus ihr folgende Handlung ausgedrückt.

Wenn du so ausgehst, wirst du dir eine Erkältung holen.

Se fa bel tempo, facciamo una passeggiata.
Wenn das Wetter schön ist, gehen wir spazieren.
Se andiamo a Roma, visitiamo la Cappella Sistina.
Wenn wir nach Rom fahren, besichtigen wir die Cappella Sistina.

Se **farai** quello che dico io, non **potrai** sbagliare.
Wenn du tust, was ich sage, wirst du keinen Fehler machen.

2. se + Konjunktiv Imperfekt ► Konditional Präsens

reine Annahme (Gegenwart/Zukunft)

Steht im **se**-Satz eine Verbform im Konjunktiv Imperfekt, so steht der Hauptsatz im Konditional Präsens. Auf diese Weise werden eine rein hypothetische Annahme einer Bedingung, die in der Zukunft (auch im nächsten Moment) eintreten könnte, und die aus ihr folgende mögliche Handlung ausgedrückt.

Se **dovesse** piovere, **rimarremmo** a casa.
Falls es regnen sollte, würden wir zu Hause bleiben.
Se **avessi** più tempo, **imparerei** a suonare uno strumento.
Wenn ich mehr Zeit hätte, würde ich lernen, ein Instrument zu spielen.
Se **vincessi** al lotto, mi **comprerei** una villa con piscina.
Wenn ich beim Lotto gewinnen würde, würde ich mir eine Villa mit Schwimmbad kaufen.

3. se + Konjunktiv *trapassato* ► Konditional der Vergangenheit

nicht mehr realisierbare Bedingung in der Vergangenheit

Steht im **se**-Satz eine Verbform im Konjunktiv *trapassato*, so steht der Hauptsatz im Konditional der Vergangenheit. Auf diese Weise wird eine nicht mehr erfüllbare Bedingung für eine dadurch auch nicht mehr eintretende Handlung ausgedrückt.

Wenn du mit dem T-Shirt rausgegangen wärest, hättest du dir eine Erkältung geholt.

Se **fosse stato** più gentile, non gli **avrei detto** niente.
Wenn er freundlicher gewesen wäre, hätte ich ihm nichts gesagt.
Se ti **avessi conosciuto** prima, non **avrei sposato** Maria.
Wenn ich dich früher kennen gelernt hätte, hätte ich Maria nicht geheiratet.
Se **avessi potuto, sarei venuto** alla tua festa.
Wenn ich gekonnt hätte, wäre ich zu deiner Party gekommen.

Für diese Funktion kann umgangssprachlich im **se**-Satz und im Hauptsatz Imperfekt Indikativ stehen.
se + Imperfekt Indikativ ► Imperfekt Indikativ

> **Se era più gentile, non gli dicevo niente.**
> Wenn er freundlicher gewesen wäre, hätte ich ihm nichts gesagt.
> **Se ti conoscevo prima, non sposavo Maria.**
> Wenn ich dich früher kennen gelernt hätte, hätte ich Maria nicht geheiratet.
> **Se potevo, venivo alla tua festa.**
> Wenn ich gekonnt hätte, wäre ich zu deiner Party gekommen.

27 Imperativ

1 Gebrauch des Imperativs

Der Imperativ *(l'imperativo)* ist eine Form der direkten Aufforderung an eine angesprochene Person und wird daher meist nur in der 2. und 3. Person Singular sowie in der 1. und 2. Person Plural verwendet. Der Imperativ der 1. Person Plural wird mit „Lasst uns ...“ übersetzt. Beim Imperativ der Höflichkeitsform *(imperativo di cortesia)* sind die Formen identisch mit denen des Konjunktiv Präsens (► NR. 25.2). **Loro** (3. Person Plural) für die höfliche Anrede von mehreren Personen ist eine sehr formelle Form und wird in der gesprochenen Sprache durch **voi** ersetzt.

2 Der bejahte Imperativ

Mangia più piano!	Iss langsamer!
Venga, signora!	Kommen Sie (, meine Frau)!
Facciamo in fretta!	Machen wir schnell!
Aspettate un momento!	Wartet einen Augenblick!

1. Der Imperativ wird wie folgt gebildet:

		lavorare	ripetere	sentire	avere	essere
Sg.	tu	lavora	ripeti	senti	abbi	sii
	Lei	lavori	ripeta	senta	abbia	sia
Pl.	noi	lavoriamo	ripetiamo	sentiamo	abbiamo	siamo
	voi	lavorate	ripetete	sentite	abbiate	siate
	Loro	lavọrino	ripẹtano	sẹntano	ạbbiano	sịano
		arbeiten	wiederholen	hören	haben	sein

In der Regel entsprechen die Imperativformen der 2. Person Singular und der 2. Person Plural den Formen des Indikativ Präsens. Ausnahme: 2. Person Singular der Verben auf **-are**. Die Formen der 3. Person Singular und Plural sind stets identisch mit den entsprechenden Formen des Konjunktiv Präsens.

2. Die wichtigsten unregelmäßigen Verben:

		andare	dare	fare	stare	dire	sapere
Sg.	tu	va' (vai)	da' (dai)	fa' (fai)	sta' (stai)	di'	sappi
	Lei	vada	dia	faccia	stia	dica	sappia
Pl.	noi	andiamo	diamo	facciamo	stiamo	diciamo	sappiamo
	voi	andate	date	fate	state	dite	sappiate
	Loro	vạdano	dịano	fạcciano	stịano	dịcano	sạppiano
		gehen/ fahren	geben	machen/ tun	bleiben	sagen	wissen

3 Der verneinte Imperativ

Der verneinte Imperativ der 2. Person Singular (**tu**) wird mit **non** + Infinitiv des Verbs gebildet.

Non mi **disturbare**!	Stör mich nicht!
Non chiudere la finestra!	Schließ das Fenster nicht!
Non mangiare troppo!	Iss nicht zu viel!
Non fumare!	Rauch nicht!

Mit **non** + Infinitiv werden auch allgemeine Verbote ausgedrückt:
Non fotografare! (Fotografieren verboten!)

Non accendere fuochi.
Es ist verboten, Feuer zu machen.

Non lasciare i sentieri.
Es ist verboten, die Wege zu verlassen.

Non cogliere fiori e piante.
Es ist verboten, Blumen und Pflanzen zu pflücken.

Der verneinte Imperativ für alle anderen Formen wird mit **non** + Imperativ gebildet.

Non lo **dica** a nessuno!	Sagen Sie es niemandem!
Non mi **parli** così!	Sprechen Sie nicht so mit mir!
Non esageriamo!	Übertreiben wir nicht!
Non gridate!	Schreit nicht!

4 Imperativ mit Personalpronomen

Beim bejahten Imperativ werden die Pronomen an den Imperativ angehängt. Für die Höflichkeitsform siehe unten.

- Ringrazia**lo** per il regalo. — Dank ihm für das Geschenk!
- Cosa ne faccio della borsa? — Porta**mela**!
  Was mache ich mit der Tasche? — Bring sie mir!
- Scusa**mi**! — Entschuldige mich!
- Prendi**ne** ancora. — Nimm noch davon!

Beim verneinten Imperativ können die Pronomen an den Imperativ angehängt oder der Verbform vorangestellt werden, wobei die Voranstellung verbreiteter ist.

Non dir**melo**!	=	Non **me lo** dire!
Sag es mir nicht!		
Non scusate**vi**!	=	Non **vi** scusate!
Entschuldigt euch nicht!		
Non andate**vene** ancora!	=	Non **ve ne** andate ancora!
Geht noch nicht weg!		
Questo è latte scaduto. Non ber**lo**!	=	Non **lo** bere!
Die Milch ist abgelaufen. Trink sie nicht!		

Bei der Höflichkeitsform werden die Pronomen immer dem Verb vorangestellt.

Mi scusi!	Entschuldigen Sie mich!
Se vede il signor Paoli, **me lo** saluti.	Falls Sie Herrn Paoli sehen, grüßen Sie ihn von mir.
Non **si** preoccupi!	Machen Sie sich keine Sorgen!
Lo faccia domani!	Machen Sie es morgen!

Werden die Pronomen an einsilbige Imperativformen (**da'** – gib, **di'** – sag, **fa'** – mach, **sta'** – bleibe, **va'** – geh) angehängt, so verdoppelt sich ihr Anfangsbuchstabe.

Dies geschieht nicht beim Anhängen von **gli** und seinen Zusammensetzungen: **Daglielo** (Gib ihn/es ihm/ihr); **Fagli questo favore** (Mach ihm/ihr diesen Gefallen).

Fallo domani!	Mach es morgen!
Vacci adesso!	Geh jetzt hin!
Dammelo, per favore!	Gib es mir bitte!
Dimmi la verità!	Sag mir die Wahrheit!
Stammi vicino!	Bleib bei mir!

28 Passiv

1 Die normale Passivform

Das Passiv *(la forma passiva)* dient dazu, einen Vorgang zu beschreiben, in dem die Person oder der Gegenstand in den Vordergrund rückt, mit der/dem etwas geschieht. Im Aktivsatz wären sie direkte Objekte. Daher kann das Passiv nur bei Verben gebildet werden, die transitiv sind, d.h. mit direkten Objekten stehen. Die im Aktivsatz handelnde Person kann im Passivsatz weggelassen oder mit der Präposition **da** (von) erwähnt werden:

La cena **è offerta** dalla ditta. (= La cena **viene offerta** dalla ditta.)
Das Abendessen wird von der Firma bezahlt.
La porta **è stata forzata**.
Die Tür ist aufgebrochen worden.
Lo studente **è stato arrestato** dalla polizia.
Der Student ist von der Polizei festgenommen worden.
I conti non **erano** ancora **stati pagati**.
Die Rechnungen waren noch nicht bezahlt worden.

Das Passiv wird gebildet aus **essere** + Partizip Perfekt. Wird im Passivsatz jedoch eine einfache Zeitform benutzt, so wird **essere** sehr häufig durch **venire** ersetzt. Dies ist nicht möglich, wenn eine zusammengesetzte Zeitform benutzt wird. Das Partizip wird dem Subjekt des Passivsatzes angeglichen.

La ditta offre la cena. Die Firma zahlt das Abendessen.	►	La cena è/viene offerta (dalla ditta). Das Abendessen wird (von der Firma) bezahlt.
La polizia ha arrestato lo studente. Die Polizei hat den Studenten festgenommen.	►	Lo studente è stato arrestato (dalla polizia). Der Student ist (von der Polizei) festgenommen worden.

Qualcuno ha forzato la porta. Jemand hat die Tür aufgebrochen.	►	La porta è stata forzata (da qualcuno). Die Tür ist (von jemandem) aufgebrochen worden.
Qualcuno non aveva ancora pagato i conti. Jemand hatte noch nicht die Rechnungen bezahlt.	►	I conti non erano ancora stati pagati (da qualcuno). Die Rechnungen waren (von jemandem) noch nicht bezahlt worden.

Der Gebrauch von **essere** oder **venire** als Hilfsverben zur Bildung der Passivform bringt unter Umständen einen Bedeutungsunterschied mit sich. Mit **essere** wird ein Zustand oder das Ergebnis einer Tat ausgedrückt, mit **venire** ist der Blickpunkt auf das Geschehen selbst gerichtet. So werden im Italienischen – wie im Deutschen – Zustandspassiv (mit **essere**) und Vorgangspassiv (mit **venire**) voneinander unterschieden, z. B. „Ich bin gefordert" (Zustandspassiv), „Ich werde gefordert" (Vorgangspassiv).

Il tavolo è apparecchiato.	Zustand	Der Tisch ist gedeckt.
Il tavolo viene apparecchiato.	Vorgang	Der Tisch wird gedeckt.

Die Verbindung von **andare** in der 3. Person Singular oder Plural + Partizip Perfekt hat die Bedeutung „müssen, sollen". Sie kann nur in den einfachen Zeiten verwendet werden.

Queste magliette **vanno lavate.**
Diese T-Shirts müssen/sollen gewaschen werden.
Vanno spediti gli inviti per la festa.
Die Einladungen für die Feier müssen/sollen verschickt werden.
Questo vino **andava servito** freddo.
Dieser Wein musste/sollte kalt eingeschenkt werden.
Il lavoro **andrebbe finito** domani.
Die Arbeit müsste eigentlich morgen beendet werden.

2 Passiv verwendetes *si*

Steht ein Verb mit direktem Objekt, so kann die Konstruktion mit dem Reflexivpronomen **si** gebraucht werden *(si passivante)*. Dabei richtet sich das Verb nach dem Nomen, auf das es sich bezieht. Im Deutschen kann es mit „man" + Aktiv oder als Passiv übersetzt werden. (**In Germania si parla il tedesco.** = In Deutschland spricht man Deutsch. / In Deutschland wird Deutsch gesprochen.)

Oggi **si mangia** la pasta.	Heute isst man Nudeln.
In Germania **si parla** il tedesco.	In Deutschland spricht man Deutsch.

Si vendono appartamenti.	Wohnungen zum Verkaufen. *wörtlich:* Man verkauft Wohnungen.
Questi libri **si sono venduti** bene.	Diese Bücher hat man gut verkauft.

3 Unpersönliches *si*

Stehen die Verben ohne direktes Objekt, so kann die Konstruktion **si** + 3. Person Singular verwendet werden. Im Deutschen wird sie mit „man" + Aktiv oder als Passiv übersetzt.

Oggi si **festeggia**.	Heute feiert man.
In questo ristorante **si è mangiato** benissimo.	In diesem Restaurant hat man sehr gut gegessen.
In aereo **si viaggia** comodamente.	Im Flugzeug verreist man bequem.

29 Die nicht konjugierbaren Formen des Verbs

Es gibt drei Formen des Verbs, die nicht konjugiert werden, sich also nicht wie ein Verb verhalten. Sie enthalten kein Merkmal zur Angabe einer Person oder Zeit. Diese Formen werden auch „infinite" Formen genannt. Auf Italienisch heißen sie *forme nominali,* weil sie sich manchmal sogar wie ein Nomen verhalten (der Artikelgebrauch ist theoretisch möglich: **il cadere** (das Fallen), ebenso die Pluralform: **il caduto – i caduti** (der Gefallene – die Gefallenen) oder feminine Formen: **il caduto – la caduta** (der Gefallene – die Gefallene)).

Infinitiv	**mangiare** essen	**cadere** fallen	**sentire** hören
Partizip Perfekt	**mangiato** gegessen	**caduto** gefallen	**sentito** gehört
Gerundium	**mangiando** beim Essen	**cadendo** beim Fallen	**sentendo** beim Hören

1 Der Infinitiv

1. Der Infinitiv Präsens

Der Infinitiv Präsens *(l'infinito presente)* wird bei allgemeinen Aufforderungen oder Verboten benutzt.

Rasen betreten verboten!

Chiudere la porta, grazie! Tür bitte schließen!
Prima pagare alla cassa! Zuerst bitte an der Kasse bezahlen!

In Kochrezepten wird ebenfalls der Infinitiv gebraucht.

Aggiungere sale nell'acqua bollente e buttare la pasta.
Salz ins kochende Wasser geben und die Nudeln hinzutun.
Lavare, infarinare e friggere il pesce in olio caldo.
Den Fisch waschen, mit Mehl wenden und im heißen Öl braten.
Tagliare le melanzane a dadini.
Die Auberginen in Würfeln schneiden.

Der Infinitiv kann auch als Nomen gebraucht werden.

Fumare fa male alla salute. Das Rauchen schadet der Gesundheit.
Cantare è divertente. Das Singen ist lustig.

Nach unpersönlichen Ausdrücken und nach den Verben **dispiacere** (bedauern), **preferire** (bevorzugen), **piacere** (gefallen) steht der Infinitiv.

Bisogna avere tempo e soldi per viaggiare.
Man muss Zeit und Geld haben, um zu verreisen.
Gli dispiace non poter venire.
Er bedauert, dass er nicht kommen kann.
Preferisco andare con la macchina.
Ich fahre lieber mit dem Auto.

Ebenso nach Verben, die etwas zulassen, veranlassen oder sein lassen: **fare, farsi, lasciare:**

Riesci a farlo funzionare? Gelingt es dir zu veranlassen, dass es funktioniert?
Mi farò crescere la barba. Ich werde mir den Bart wachsen lassen.
Lascia perdere. Lass es sein!

Zu den Verben, die eine Präposition verlangen, damit ein Infinitiv angeschlossen werden kann, ► NR. 40.

2. Stare per + Infinitiv

Die Wendung **stare per** + Infinitiv wird gebraucht, um eine nahe Zukunft auszudrücken. Im Deutschen wird sie mit „gerade, gleich" übersetzt. Dabei kann

stare alle einfachen Zeitformen annehmen. Zusammengesetzte Zeitformen von **stare** (z. B. **sono stato**) kommen mit dieser Wendung so gut wie nicht vor.

> **Sto per andare all'università.**
> Ich bin gerade auf dem Weg zur Universität.
> **State per fare un grande errore.**
> Ihr seid im Begriff, einen großen Fehler zu begehen.
> **Stava per piovere quando siamo usciti.**
> Es fing gerade zu regnen an, als wir aus dem Haus gingen.
> **Carla stava per uscire.**
> Carla wollte gerade aus dem Haus gehen.

3. Der Infinitiv Perfekt

Mit **dopo** (nachdem) kann der Infinitiv Perfekt *(l'infinito passato)* gebraucht werden, um bei gleichem Subjekt in Haupt- und Nebensatz eine Vorzeitigkeit auszudrücken.

> **Dopo aver scritto alcune lettere, sono andato a fare una passeggiata.**
> Nachdem ich einige Briefe geschrieben habe, bin ich spazieren gegangen.
> **Dopo aver festeggiato tutta la notte, ho dormito fino alle 12.**
> Nachdem ich die ganze Nacht gefeiert habe, habe ich bis 12 Uhr geschlafen.
> **Dopo essere venuta da me, è andata da sua nonna.**
> Nachdem sie zu mir gekommen ist, ist sie zu ihrer Großmutter gegangen.

Der Infinitiv Perfekt wird gebildet mit **avere** bzw. **essere** und dem Partizip Perfekt. (► Nr. 29.2)

2 Das Partizip Perfekt

1. Gebrauch des Partizip Perfekt

Das Partizip Perfekt *(il participio passato)* wird benutzt, um mit **essere** oder **avere** die folgenden zusammengesetzten Zeitformen zu bilden:

Indikativ	*passato prossimo, trapassato prossimo, trapassato remoto, futuro anteriore* (Futur II)
Konjunktiv	*passato, trapassato*
Konditional	der Vergangenheit (Konditional II)
Infinitiv	Perfekt
alle Zeitformen des Passivs	

Siete **stati** a Roma e non avete **visto** il Colosseo!
Ihr seid in Rom gewesen und habt das Kolosseum nicht gesehen!
Hai **telefonato** a Mario quando era già **uscito** di casa.
Du hast Mario angerufen, als er schon ausgegangen war.
Siamo **invitati** a cena da Sonia.
Wir sind zum Abendessen bei Sonia eingeladen.

Das Partizip Perfekt kann ohne Hilfsverb benutzt werden, um Nebensätze zu vermeiden. Dabei ist das Subjekt immer dasselbe.

Ho perso la penna comprata da Maria. (... che Maria ha comprato.)
Ich habe den Kugelschreiber verloren, den Maria gekauft hat.
Finito di scrivere la lettera, sono andata a imbucarla. (Dopo che ho finito ...)
Nachdem ich den Brief zu Ende geschrieben habe, bin ich gegangen, um ihn einzuwerfen.

Das Partizip Perfekt kann die Funktion eines Adjektivs übernehmen.

una macchina rotta
ein kaputtes Auto
un bambino amato da tutti
ein von allen geliebtes Kind

Das Partizip Perfekt kann auch als Adverb dienen.

Leggo sempre seduto al tavolo.	Ich lese immer im Sitzen am Tisch.
Dorme coricata sul letto.	Sie schläft liegend im Bett.
Marco osserva soddisfatto il suo guardaroba.	Marco beobachtet zufrieden seine Garderobe.

2. Die Bildung des Partizip Perfekt

Infinitiv	Partizip Perfekt		Infinitiv	Partizip Perfekt	
lavor**are**	lavor**ato**	arbeiten	essere	stato	sein
cred**ere**	cred**uto**	glauben	avere	av**uto**	haben
sent**ire**	sent**ito**	hören			

Viele Verben der 2. Konjugation (auf **-ere**) bilden ein unregelmäßiges Partizip Perfekt. Hier die wichtigsten unregelmäßigen Partizip-Perfekt-Formen. Im Anhang finden Sie eine Übersicht über die wichtigsten unregelmäßigen Verben.

einschalten	accendere	acceso
öffnen	aprire	aperto
trinken	bere	bevuto
fragen	chiedere	chiesto
schließen	chiudere	chiuso
rennen	correre	corso
geben	dare	dato
entscheiden	decidere	deciso
sagen	dire	detto
tun/machen	fare	fatto
lesen	leggere	letto
stellen/legen/setzen	mettere	messo
beißen	mordere	morso
sterben	morire	morto
geboren werden	nascere	nato
verstecken	nascondere	nascosto
anbieten	offrire	offerto
verlieren	perdere	perso
erlauben	permettere	permesso
setzen/stellen/legen	porre	posto
nehmen	prendere	preso
zurückgeben	rendere	reso
lachen	ridere	riso
bleiben	rimanere	rimasto
(auf)lösen	risolvere	risolto
antworten	rispondere	risposto
wenden	rivolgere	rivolto
(zer)brechen	rompere	rotto
(aus)wählen	scegliere	scelto
hinuntergehen	scendere	sceso
(auf)lösen	sciogliere	sciolto
schreiben	scrivere	scritto
ausmachen	spegnere	spento
ausgeben	spendere	speso
schieben	spingere	spinto

(zu)drücken	stringere	stretto
wegnehmen	togliere	tolto
ziehen/entnehmen	trarre	tratto
töten	uccidere	ucciso
gelten/zählen	valere	valso
sehen	vedere	visto
kommen	venire	venuto
gewinnen	vincere	vinto
leben	vivere	vissuto

Zum Gebrauch von **essere** und **avere** und zur Angleichung des Partizip Perfekt ► Nr. 24.2.

3 Das Partizip Präsens

1. Der Gebrauch des Partizip Präsens

Das Partizip Präsens *(il participio presente)* drückt eine Eigenschaft oder Tätigkeit aus, die das Bezugswort näher beschreibt.

> gli atleti **partecipanti** alle Olimpiadi (= che partecipano)
> die Athleten, die an den Olympischen Spielen teilnehmen
> un libro **affascinante** (= che è affascinante)
> ein bezauberndes Buch

Das Partizip Präsens wird heute als Verbform kaum gebraucht. Daher haben sich einige Präsens-Partizipien zu Wörtern neuer Wortarten verselbständigt:

- als Adjektiv gebraucht, z. B.: **l'acqua bollente** (das kochende Wasser), **l'anno corrente** (das laufende Jahr), **un'espressione pesante** (ein schwerer Ausdruck), **una delusione cocente** (eine bittere Enttäuschung);
- als Substantiv gebraucht, z. B.: **l'insegnante** *(m. + f.)* (der Lehrer / die Lehrerin), **il/la cantante** (der Sänger / die Sängerin), **il volante** (das Steuer/Lenkrad);
- als Präposition gebraucht, z. B.: **durante la settimana** (während der Woche), **mediante una cura** (durch eine Kur).

Während im Deutschen ein Relativsatz mit einem Partizip Präsens ersetzt werden kann, ist dies im Italienischen meist nicht möglich.

ein schreiender Mann	= ein Mann, der schreit	un uomo che grida
spielende Kinder	= Kinder, die spielen	bambini che giocano

Einige deutsche Partizip-Präsens-Ausdrücke werden im Italienischen mit einer präpositionalen Wendung wiedergegeben.

ein brennendes Auto	una macchina in fiamme
steigende Temperatur	temperatura in aumento

Häufig wird ein deutsches Partizip Präsens im Italienischen mit Gerundium wiedergegeben, wenn es im deutschen Satz die Funktion eines Adverbs übernimmt.

Sie fragt zögernd, ob ...	Esitando chiede se ...
Lachend gingen sie weg.	Se ne sono andati ridendo.

Die deutsche Wendung „zu" + Partizip Präsens drückt aus, dass etwas getan werden soll, und wird im Italienischen mit der Konstruktion **da** + Infinitiv wiedergegeben.

die zu erledigende Arbeit	il lavoro da finire
die zu verteilenden Geschenke	i regali da distribuire

2. Die Formen des Partizip Präsens

Infinitiv	Partizip Präsens		Infinitiv	Partizip Präsens	
lavor**are**	lavor**ante**	arbeiten	essere	(ente)	sein
cred**ere**	cred**ente**	glauben	avere	av**ente**	haben
part**ire**	part**ente**	abfahren			
dorm**ire**	dormi**ente**	schlafen			

An den Stamm der Verben auf **-are** wird die Endung **-ante**, bei Verben auf **-ere** die Endung **-ente**, bei Verben auf **-ire** entweder die Endung **-ente** oder **-iente** angefügt.

Die Verben, die unregelmäßige Imperfektbildungen haben, weisen den Imperfektstamm bei der Bildung des Partizip Präsens auf. Einige Verben mit **-uo-** im Infinitivstamm bilden das Partizip Präsens mit dem Stammvokal **-o-**.

fare	facente	machen/tun	tradurre	traducente	übersetzen
bere	bevente	trinken	cuocere	cocente	kochen
dire	dicente	sagen	muovere	movente	bewegen

4 Das Gerundium

1. Gebrauch des Gerundiums

Das Gerundium *(il gerundio semplice)* bezeichnet eine Handlung, die gleichzeitig mit der des Hauptsatzes verläuft, und ersetzt meist einen Nebensatz. Das Subjekt des Gerundiums ist normalerweise identisch mit dem Subjekt des Hauptsatzes.

Mi rilasso **ascoltando** della musica.
Ich entspanne mich beim Musik hören.
Uscendo ho visto Andrea.
Als ich ausging, habe ich Andrea gesehen.
Tornando a casa ho trovato 50 euro in terra.
Als ich zurück nach Hause kam, habe ich 50 Euros auf dem Boden gefunden.

Dabei kann das Gerundium in folgenden Verhältnissen zum Hauptsatz stehen: modal (unter Angabe der Art und Weise oder des Mittels, deutsch „indem“)

Ho preparato la salsa usando pomodori freschi.
Ich habe die Sauce vorbereitet, indem ich frische Tomaten benutzt habe.
Ha venduto di più abbassando i prezzi.
Er hat mehr verkauft, indem er die Preise gesenkt hat.

temporal (unter Betonung der Gleichzeitigkeit, deutsch „als“)

Uscendo hai dimenticato le chiavi.
Als du ausgegangen bist, hast du den Schlüssel vergessen.
Passeggiando sulla spiaggia ho incontrato un amico.
Als ich am Strand spazieren gegangen bin, habe ich einen Freund getroffen.

kausal (unter Angabe des Grundes, deutsch „da, weil“)

Conoscendo il suo carattere, non le ho chiesto niente.
Da ich ihren Charakter kenne, habe ich sie nichts gefragt.
Essendo stanchi, siamo andati a dormire.
Da wir müde waren, sind wir ins Bett gegangen.

konditional (unter Angabe einer Bedingung, deutsch „wenn“)

Continuando così, imparerai presto.
Wenn du so weitermachst, wirst du bald viel gelernt haben.

Mangiando meno la sera dormireste meglio.
Wenn ihr weniger am Abend essen würdet, würdet ihr besser schlafen.

2. Die Formen des Gerundiums

Infinitiv	Gerundium		Infinitiv	Gerundium	
cantare	cantando	singen	essere	essendo	sein
correre	correndo	rennen	avere	avendo	haben
partire	partendo	abfahren			

Das Gerundium wird gebildet, indem an den Verbstamm die oben stehenden Endungen angehängt werden.
Ein paar wichtige unregelmäßige Formen des Gerundiums sind:

Infinitiv	Gerundium		Infnitiv	Gerundium	
bere	bevendo	trinken	trarre	traendo	ziehen
dire	dicendo	sagen	porre	ponendo	setzen/ stellen/legen
fare	facendo	machen/tun	tradurre	traducendo	übersetzen

3. Stare + Gerundium

Die Wendung **stare** + Gerundium ist die Verlaufsform und kann im Deutschen mit „gerade" übersetzt werden. Diese Konstruktion wird nur in einfachen Zeitformen und nicht mit zusammengesetzten Zeitformen von **stare** verwendet.

- Cosa **stai facendo**?
  Was machst du gerade?
- **Sto bevendo** un tè.
  Ich trinke gerade einen Tee.
- Mi potrebbe aiutare Franco?
  Könnte Franco mir helfen?
- No, **sta dormendo**. Lascialo in pace.
  Nein, er schläft gerade. Lass ihn in Ruhe.

4. Gerundium der Vergangenheit

Das Gerundium der Vergangenheit *(il gerundio passato)* wird oft kausal (deutsch „weil“) verwendet und ersetzt einen Nebensatz.

Essendo arrivato in ritardo, ha perso l’autobus.
Er hat den Bus verpasst, weil er mit Verspätung angekommen ist.
Avendo fatto un grave errore, è stato licenziato dal capo.
Er wurde vom Chef entlassen, weil er einen schweren Fehler gemacht hat.
Essendosi allenato bene, ha vinto la gara.
Er hat den Wettbewerb gewonnen, weil er gut trainiert war.

30 Das Subjekt des Verbs

1 Das Personalpronomen mit dem Verb

Das Verb kennzeichnet durch seine Endung die handelnde Person. Deshalb ist im Italienischen der Gebrauch des Personalpronomens nicht erforderlich.

Io non lo facci**o**.	Ich tue es nicht.
Non lo facci**o**.	Ich tue es nicht.

Wird es dennoch benutzt, so dient es dazu, die/den Handelnde/n hervorzuheben. (Io lo faccio. = Ich (und kein anderer) tue es.)

Bilden mehrere Singular-Personalpronomen eine Gruppe, so steht das Verb im Plural. Ist die 1. Person (io) dabei, so steht das Verb immer in der 1. Person Plural. Ist die 2. Person (tu) dabei, so steht das Verb immer in der 2. Person Plural, wenn io nicht dabei ist. Sind weder Sprecher (io) noch Angesprochener (tu) dabei, so steht das Verb immer in der 3. Person Plural.

Io e te siamo tedeschi.	Du und ich sind Deutsche.
Tu e lei siete canadesi.	Sie und du seid Kanadier.
Lui e lei sono italiani.	Er und sie sind Italiener.

2 Verb mit Prädikatsnomen

Steht essere mit einem Adjektiv oder Nomen, nennt man diese Verbindung Prädikatsnomen *(predicato nominale)*. Das Adjektiv oder Nomen ist dann kein Objekt, sondern eine inhaltliche Ergänzung zum Subjekt und richtet sich in Genus (maskulin oder feminin) und Zahl (Einzahl oder Mehrzahl) nach dem Subjekt des Satzes.

Sono un uomo.	Ich bin ein Mann.
La mamma è contenta.	Die Mutter ist froh.
Siete insopportabili.	Ihr seid unerträglich.

3 Unpersönliche Verben

Unpersönliche Verben können nur in der 3. Person Singular oder Plural stehen und haben wie im Deutschen kein grammatisches, sondern ein logisches Subjekt.

1. Verben, die meteorologische Vorgänge bezeichnen, können nur unpersönlich gebraucht werden und stehen immer in der 3. Person Singular.

Piove.	Es regnet.
Nevica.	Es schneit.

2. Unpersönlich gebraucht werden auch Verben, die mit einem Geschehen oder einer Notwendigkeit verbunden sind, wie z. B. **accadere** (geschehen), **capitare** (passieren), **succedere** (geschehen) und **bisognare** (nötig sein / müssen), **essere necessario** (nötig sein), **occorrere** (benötigt werden), **volerci** (brauchen):

Succede!	So etwas kann passieren.
Che cosa è capitato a Sandro?	Was ist Sandro passiert?
Bisogna aspettare un poco.	Man muss ein bisschen warten.
Quanto ci vuole per andare a Modena?	Wie lange braucht man, um nach Modena zu fahren?

3. **C'è** (deutsch „Da ist" / „Es gibt") und **ci sono** (deutsch „Da sind" / „Es gibt") verweisen ausdrücklich auf einen Satzteil.

C'è del pane?	Ist Brot da?
C'è Veronica?	Ist Veronica da?
Ci sono dei ragazzi che giocano.	Da sind Jungen, die spielen.

4. Nach unpersönlichen Ausdrücken, die aus dem Verb **essere**, gefolgt von einem Adverb oder Adjektiv, bestehen, wird der Infinitiv ohne Präposition angeschlossen.

È bene riposarsi un po'.	Es ist gut, sich ein bisschen zu erholen.
È divertente giocare a ping-pong.	Es ist lustig, Pingpong zu spielen.

31 Die Ergänzungen des Verbs

Mangio **una mela**.
Ich esse einen Apfel.
Telefonate **a Lucia**?
Ruft ihr Lucia an?
Ho dormito **per dieci ore**.
Ich habe zehn Stunden geschlafen.
Diamo **un libro a Francesco**.
Wir geben Francesco ein Buch.

Es liegt an der Bedeutung des Verbs, ob es Objekte haben kann oder nicht. Verben wie **mangiare** (essen) haben ein direktes Objekt *(complemento oggetto)* und werden deshalb transitive Verben *(verbi transitivi)* genannt. Verben, die kein direktes Objekt haben können, werden intransitive Verben *(verbi intransitivi)* genannt. Ein Objekt, das mit einer Präposition an das Verb angeschlossen wird, nennt man indirektes Objekt *(complemento indiretto)*. Verben wie z. B. **dare** (geben) können zwei Objekte haben, wovon eines das direkte und das andere das indirekte Objekt ist.

1 Verben mit direktem Objekt

Compriamo **i biglietti**.	Wir kaufen die Fahrkarten.
Guardano **un film**.	Sie sehen einen Film.
Preparo **la cena**.	Ich bereite das Abendessen vor.

Von Verben mit direktem Objekt kann das Passiv gebildet werden (► NR. 28):

Preparo la cena	► La cena è (oder viene) preparata da me.
Ich bereite das Abendessen vor.	Das Abendessen wird von mir vorbereitet.

Z. B. folgende Verben verlangen im Italienischen – im Gegensatz zum Deutschen – ein direktes Objekt: **aiutare** (helfen), **ascoltare** (zuhören), **contraddire** (widersprechen), **incontrare** (begegnen), **ringraziare** (danken), **servire** (dienen).

Aiuto un amico.
Ich helfe einem Freund.
Contraddice sempre il suo professore.
Er widerspricht immer seinem Lehrer.
Voglio ringraziare i miei genitori.
Ich will meinen Eltern danken.

2 Verben mit indirektem Objekt

1. Einige Verben schließen das indirekte Objekt mit der Präposition **a** an:

Ho detto **a mio marito** di comprare del pesce per stasera.
Ich habe meinem Mann gesagt, Fisch für heute Abend zu kaufen.
Ho parlato **a mio padre**.
Ich habe mit meinem Vater gesprochen.
Devi rispondere **alla lettera** di Piero.
Du solltest den Brief von Piero beantworten.

Manche Verben wie z. B. **telefonare** (anrufen) verlangen – im Gegensatz zum Deutschen – ein indirektes Objekt; andere wie z. B. **chiedere** und **domandare** (beide: fragen/bitten) oder **insegnare** (lehren) können ein indirektes oder/und ein direktes Objekt haben.

Stasera devi telefonare **a Sandro**.
Heute Abend musst du Sandro anrufen.

Chiedo **a Silvia** se viene in discoteca.
Ich frage Silvia, ob sie in die Disko kommt.
Aber: Chiedo **un' informazione**.
Ich frage nach einer Auskunft.

Le insegno a usare il computer.
Ich bringe ihr bei, den Computer zu benutzen.
Aber: La signora Villiers insegna **il francese**.
Frau Villiers unterrichtet Französisch.

2. Verben mit zwei Objekten

In der Regel steht das direkte Objekt vor dem indirekten Objekt. Umstellungen sind möglich, wenn das indirekte Objekt eine Person ist, um diese hervorzuheben.

Le ragazze portano **dei fiori alla nonna**.
(Le ragazze portano **alla nonna dei fiori**.)
Die Mädchen bringen der Großmutter Blumen.
Serena regala **un maglione a suo fratello**.
Serena schenkt ihrem Bruder einen Pullover.
Manlio dà **una risposta alla domanda**.
Manlio beantwortet Frage.

3 Verben mit anderen präpositionalen Ergänzungen

An Verben können präpositionale Ergänzungen anschließen, die zusätzliche Informationen zu Ort, Zeit, Umständen usw. angeben.

Corro Ich laufe	a casa.	nach Hause
	nel parco.	in den Park
	per la strada.	auf der Straße
	da tre ore.	seit drei Stunden
	con le scarpe nuove.	mit den neuen Schuhen

Viele Verben können nur mit bestimmten Präpositionen Ergänzungen anschließen. Welche das im Einzelnen sind, ist im Kapitel über Präpositionen nachzulesen. (► Nr. 40)

Lorenzo si iscrive all'università.	Lorenzo schreibt sich an der Universität ein.
Comincio dall'inizio.	Ich beginne vom Anfang.
Credi in Dio?	Glaubst du an Gott?
Ci informiamo sulla sua salute.	Wir erkundigen uns über deine Gesundheit.
Mi scuso con te.	Ich entschuldige mich bei dir.
Ti occupi di libri.	Du kümmerst dich um Bücher.
Si preoccupa per il mio futuro.	Er macht sich für meine Zukunft Sorgen.

Einige Verben sind transitiv (ohne präpositionale Ergänzung), schließen aber einen folgenden Infinitiv mit einer Präposition an.

Comincio un libro. Comincio a scrivere un libro.
Ich fange ein Buch an. Ich fange an, ein Buch zu schreiben.
Chiede una spiegazione. Chiede di dargli una spiegazione.
Er fragt nach einer Erklärung. Er bittet ihm, eine Erklärung zu geben.

32 Reflexive Verben

1 Gebrauch der reflexiven Verben

Stehen die Reflexivpronomen als direkte Objekte zum Verb, nennt man sie direkte Reflexivpronomen. Stehen die Reflexivpronomen als indirekte Objekte zum Verb, nennt man sie indirekte Reflexivpronomen.

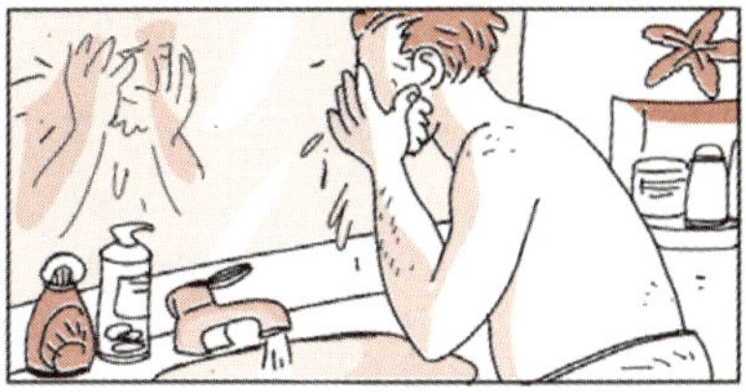

Mi lavo. Ich wasche mich. direktes Reflexivpronomen	**Mi** lavo la faccia. Ich wasche mir das Gesicht. indirektes Reflexivpronomen

1. Direktes Reflexivpronomen

Viele transitive Verben können als direktes Objekt ein Reflexivpronomen haben. Wir sprechen dann von reflexiven Verben *(verbi riflessivi)*.

Si guarda nello specchio.	Er schaut sich im Spiegel an.
La porta **si apre**.	Die Tür öffnet sich.
Il computer **si è rotto**.	Der Computer ist kaputtgegangen.

2. Indirektes Reflexivpronomen

Wird ein transitives Verb mit einem Objekt reflexiv gebraucht, spricht man von einem indirekten Reflexivpronomen, das im Deutschen mit dem Dativpronomen wiedergegeben wird.

Mi compro un libro.	Ich kaufe mir ein Buch.
Ti fai una doccia?	Duschst du?
Si prende una vacanza.	Er macht Urlaub.

3. Vom Deutschen abweichender Reflexivgebrauch

Einige Verben haben einen vom Deutschen abweichenden Reflexivgebrauch. Verben, die im Italienischen – aber nicht im Deutschen – reflexiv gebraucht werden, sind z. B.:

accomodarsi	Platz nehmen	confessarsi	beichten
accorgersi di qcs	etw. bemerken	dolersi di qcs	etw. bedauern
addormentarsi	einschlafen	fermarsi	stehen bleiben
allenarsi	trainieren	fidarsi di qcn	jdm trauen
alzarsi	aufstehen	licenziarsi	(selbst) kündigen

andarsene	weggehen	mettersi	etw. anziehen
bagnarsi	baden	rompersi	zerbrechen
chiamarsi	heißen	svegliarsi	aufwachen

Mi alzo ogni mattina alle sei.	Ich stehe jeden Morgen um 6 Uhr auf.
Si chiama Lucio.	Er heißt Lucio.
Mi fido di te.	Ich vertraue dir.

Verben, die im Deutschen – aber nicht im Italienischen – reflexiv gebraucht werden, sind z. B.:

cambiare	sich (ver)ändern
girare	sich drehen
migliorare	sich verbessern
diminuire	sich verringern
peggiorare	sich verschlechtern

Mario **è cambiato** molto negli ultimi tempi.
Mario hat sich in der letzten Zeit sehr verändert.
La terra **gira** intorno al sole.
Die Erde dreht sich um die Sonne.
La situazione **è peggiorata** sempre di più.
Die Lage hat sich immer mehr verschlechtert.

2 Formen der reflexiven Verben

	direktes Reflexivpronomen	indirektes Reflexivpronomen
Infinitv	lavarsi sich waschen	lavarsi le mani sich die Hände waschen
io	mi lavo ich wasche mich	mi lavo le mani ich wasche mir die Hände
tu	ti lavi du wäschst dich	ti lavi le mani du wäschst dir die Hände
lui/lei/Lei	si lava er/sie/es wäscht sich Sie waschen sich	si lava le mani er/sie/es wäscht sich die Hände Sie waschen sich die Hände

noi	ci laviamo wir waschen uns	ci laviamo le mani wir waschen uns die Hände
voi	vi lavate ihr wascht euch	vi lavate le mani ihr wascht euch die Hände
loro	si lạvano sie waschen sich	si lạvano le mani sie waschen sich die Hände
Gerundium	lavandomi (-ti, -si, -ci, -vi, -si)	lavandomi (-ti, -si, -ci, -vi, -si) le mani

Die Bildung der reflexiven Verben entspricht denen der nichtreflexiven Verben. Das Reflexivpronomen steht vor dem Verb. Nach Infinitiv oder Gerundium wird das Reflexivpronomen an das Verb angehängt. Die Formen der direkten und indirekten Reflexivpronomen sind identisch.

Die zusammengesetzten Zeiten werden bei allen reflexiven Verben mit dem Hilfsverb **essere** gebildet. Das Partizip verändert sich in Zahl und Geschlecht.

Ho lavato la macchina.	Ich habe das Auto gewaschen.
Mi sono lavato. / Mi sono lavata.	Ich habe mich gewaschen.

In Verbindung mit einem Modalverb können die zusammengesetzten Zeiten allerdings mit dem Hilfsverb **avere** gebildet werden, je nach Anordnung des Reflexivpronomens:

Devo lavar**mi**. Ich muss mich waschen.	**Mi** devo lavare. Ich muss mich waschen.
Ho dovuto lavar**mi**. Ich habe mich waschen müssen.	**Mi sono** dovuto/-a lavare. Ich habe mich waschen müssen.

33 Die indirekte Rede

Wenn jemand die Aussage einer Person wiedergibt, so nennt man dies „indirekte Rede". Es ist die Form des Berichts über alles, was jemand – auch der Sprecher selbst – gesagt, geschrieben oder gedacht hat.

Die folgenden Sätze sind Beispiele der direkten bzw. indirekten Rede.

«Vieri ha segnato un gol.»	**Dice che** Vieri ha segnato un gol.
„Vieri hat ein Tor geschossen".	Er sagt, Vieri habe ein Tor geschossen.
«Ci sono molti spettatori.»	**Ha detto che** c'erano molti spettatori.
„Es gibt viele Zuschauer".	Er hat gesagt, es gebe viele Zuschauer.
«Non ci andrò più.»	**Disse che** non ci sarebbe più andata.
„Ich werde nicht mehr hingehen".	Er sagte, er werde nicht mehr hingehen.

Die indirekte Rede steht in einem Nebensatz nach Verben wie **dire** (sagen), **affermare** (behaupten), **aggiungere** (hinzufügen), **assicurare** (versichern), **comunicare** (mitteilen), **rispondere** (antworten), **scrivere** (schreiben), **spiegare** (erklären) und wird durch die Konjunktion **che** (dass) eingeleitet:

Ha detto che Bruno è partito per la Toscana.
Er hat gesagt, Bruno sei in die Toskana gefahren.

Nach Verben wie **domandare**, **chiedere** (beide: fragen) steht der indirekte Fragesatz *(l'interrogativa indiretta)*. Er wird durch die Konjuktion **se** (ob) bzw. ein Fragewort eingeleitet (► NR. 20):

Ha chiesto se andiamo da lui stasera.
Er hat gefragt, ob wir zu ihm heute Abend gehen.
Domanda perché l'abbiamo fatto.
Er fragt, warum wir es getan haben.

1 Zeitenfolge in der indirekten Rede

Im Italienischen steht in der indirekten Rede gewöhnlich der Indikativ:

Dice che Lucia è stanca. Er sagt, Lucia sei müde.

Das Zeitverhältnis des Nebensatzes zum Hauptsatz kann sein:

gleichzeitig Dice che **oggi** Anna **lavora** a casa.
Er sagt, Anna arbeite heute zu Hause.

vorzeitig	Dice che **ieri** Anna **ha lavorato** a casa. Er sagt, Anna habe gestern zu Hause gearbeitet.
nachzeitig	Dice che **domani** Anna **lavorerà** a casa. Er sagt, Anna werde morgen zu Hause arbeiten.

⚠ Die Zeitform der indirekten Rede ist von der Zeitform des Hauptsatzes abhängig.

1. Hauptsatz: Gegenwart

Steht der Hauptsatz in einer Zeitform der Gegenwart (Präsens, *passato prossimo* mit Bezug zum Sprechzeitpunkt, Futur), so wird in der indirekten Rede die Zeitform der direkten Rede beibehalten.

	direkte Rede	indirekte Rede
gleichzeitig	Dice / Ha detto / (Dirà): «Marco sta bene.» Er sagt / Er hat gesagt / (Er wird sagen): „Marco geht es gut."	Dice / Ha detto / (Dirà) che Marco sta bene. Er sagt / Er hat gesagt / (Er wird sagen), dass es Marco gut gehe.
	Chiede / Ha chiesto / (Chiederà): «Vieni anche tu?» Er fragt / Er hat gefragt / (Er wird fragen): „Kommst du mit?"	Chiede / Ha chiesto / (Chiederà) se vado anch'io. Er fragt / Er hat gefragt / (Er wird fragen), ob ich auch mitkomme.
vorzeitig	Dice / Ha detto / (Dirà): «Ho visto Anna.» Er sagt / Er hat gesagt / (Er wird sagen): „Ich habe Anna gesehen."	Dice / Ha detto / (Dirà) che ha visto Anna. Er sagt / Er hat gesagt / (Er wird sagen), dass er Anna gesehen habe.
	Chiede / Ha chiesto / (Chiederà): «Siete stati da Mario?» Er fragt / Er hat gefragt / (Er wird fragen): „Seid ihr bei Mario gewesen?"	Chiede / Ha chiesto / (Chiederà) se siamo stati da Mario. Er fragt / Er hat gefragt / (Er wird fragen), ob wir bei Mario gewesen seien.

nachzeitig	Dice / Ha detto / (Dirà): «Ci andrò da solo.» Er sagt / Er hat gesagt / (Er wird sagen): „Ich werde allein hingehen."	Dice / Ha detto / (Dirà) che ci andrà da solo. Er sagt / Er hat gesagt / (Er wird sagen), dass er allein hingehen werde.
	Domanda / Ha domandato / (Domanderà): «Verranno?» Er fragt / Er hat gefragt / (Er wird fragen): „Werden sie kommen?"	Domanda / Ha domandato / (Domanderà) se verranno. Er fragt / Er hat gefragt / (Er wird fragen), ob sie kommen werden.

Und dann hat er mir gesagt, dass ...

2. Hauptsatz: Vergangenheit

Steht der Hauptsatz in einer Zeitform der Vergangenheit (*passato remoto, passato prossimo,* Imperfekt), so ändert sich die Zeitform in der indirekten Rede:

direkte Rede		indirekte Rede
Präsens	►	Indikativ Imperfekt
passato prossimo	►	trapassato prossimo
Futur	►	Konditional der Vergangenheit

	direkte Rede	indirekte Rede
gleichzeitig	Ha detto / Diceva / Disse: «Marco sta bene.» Er hat gesagt / Er sagte: „Marco geht es gut."	Ha detto / Diceva / Disse che Marco stava bene. Er hat gesagt / Er sagte, dass es Marco gut gehe.

	Ha chiesto / Chiedeva / Mi chiese: «Dove vai?» Er hat gefragt / Er fragte: „Wohin gehst du?“	Ha chiesto / Chiedeva / Mi chiese dove andavo. Er hat gefragt / Er fragte, wo ich hingehe.
vorzeitig	Ha detto / Diceva / Disse: «Ho visto Anna.» Er hat gesagt / Er sagte: „Ich habe Anna gesehen.“	Ha detto / Diceva / Disse che aveva visto Anna. Er hat gesagt / Er sagte, dass er Anna gesehen habe.
	Ha domandato / Domandava / Domandò: «Hai finito?» Er hat gefragt / Er fragte: „Bist du fertig?“	Ha domandato / Domandava / Domandò se avevo finito. Er hat gefragt / Er fragte, ob ich fertig sei.
nachzeitig	Ha detto / Disse: «Ci andrò.» Er hat gesagt / Er sagte: „Ich werde hingehen.“	Ha detto / Disse che ci sarebbe andato. Er hat gesagt / Er sagte, dass er hingehen werde.
	Ha chiesto / Chiedeva / Chiese: «Mi telefonerai?» Er hat gefragt / Er fragte: „Wirst du mich anrufen?“	Ha chiesto / Chiedeva / Chiese se gli avrei telefonato. Er hat gefragt / Er fragte, ob ich ihn anrufen werde.

Nach einem Hauptsatz in der Vergangenheit wird in der Umgangssprache häufig der Indikativ Imperfekt anstelle des Konditionals der Vergangenheit verwendet:

Mi ha detto che veniva. (... che sarebbe venuto.)
Er hat mir gesagt, er werde kommen.

Nach einem Hauptsatz in der Vergangenheit kann auch das Präsens oder der Konditional Präsens stehen, je nach dem Sinn des Satzes:

Mi spiegò che l'acqua bolle a cento gradi.
Er erklärte mir, das Wasser koche bei 100 Grad.

Gli ho detto che lo farei volentieri (se ci fosse tempo).
Ich habe ihm gesagt, ich täte es gerne (wenn ich Zeit hätte).

2 Possessivbegleiter, Personenbezeichnungen und Orts- und Zeitangaben in der indirekten Rede

Personenbezeichnungen, Possessivbegleiter sowie Orts- und Zeitangaben werden gemäß dem Blickwinkel des Sprechers/Schreibers geändert:

direkte Rede	indirekte Rede
io, tu, lui/lei/Lei ich, du, er/sie/es/Sie	lui, lei er/sie
noi, voi, loro wir, ihr, sie	loro sie
questo dieser	quello jener
oggi heute	quel giorno an dem Tag
ieri gestern	il giorno prima/precedente am Tag zuvor
domani morgen	il giorno dopo/seguente am Tag danach
stamattina heute Morgen	quella mattina an jenem Vormittag
stasera heute Abend	quella sera an jenem Abend
ora jetzt	allora / in quel periodo damals
poco fa vor kurzem	poco prima kurz vorher
tra/fra poco in kürze	poco dopo kurz danach
qui/qua hier/da	lì/là dort

direkte Rede	indirekte Rede
«La mia casa è questa.» Mein Haus ist das hier.	Mi spiegò che la sua casa era quella. Er erklärte mir, sein Haus sei jenes da.
«Piove anche qui.» Es regnet hier auch.	Mi ha detto che piove/pioveva anche là. Er hat mir gesagt, es regne auch dort.
«Ieri è arrivato tardi.» Gestern ist er spät angekommen.	Ha spiegato che il giorno prima era arrivato tardi. Er hat erklärt, er sei am Tag zuvor spät angekommen.
«È successo poco fa.» Es ist gerade passiert.	Ha detto che era successo poco prima. Er hat gesagt, es sei kurz vorher passiert.

Ist das Subjekt der wiedergegebenen Aussage mit dem Sprecher identisch, bleibt das Pronomen natürlich dasselbe:

Ho detto: «**io** sono italiano.» ► Ho detto che **io** sono italiano.
Ich habe gesagt: „Ich bin Italiener." Ich habe gesagt, ich sei Italiener.

3 Aufforderungssätze in der indirekten Rede

Aufforderungen, Erlaubnisse und Verbote werden in der indirekten Rede durch di + Infinitiv wiedergegeben:

direkte Rede	indirekte Rede
«Stai zitto!» „Sei still!"	Mi dice sempre di stare zitto. Er sagt mir immer, ich soll still sein.
«Stia a riposo.» „Erholen Sie sich!"	Mi ha ordinato di stare a riposo. Er hat mir geraten, mich zu erholen.
«Non fare rumore!» „Mach keinen Krach!"	Mi ha detto di non fare rumore. Er hat mir gesagt, ich soll keinen Krach machen.

34 Die Negation

1 *No, non*

No bedeutet „nein" oder „nicht" und kann alleine stehen. Non kann „nicht" oder „kein/e/r, keine" bedeuten und steht – anders als im Deutschen – immer vor dem Verb. Zwischen **non** und dem Verb können z. B. Objektpersonalpronomen, Reflexivpronomen und die Pronomen **ne** und **ci** stehen.

- Mangia qualcosa!
  Iss etwas!
  – **No, non** mangio niente oggi. **Non** mi va.
  Nein, heute esse ich nichts. Ich habe keine Lust.
- **Non** ti prepari per il tuo esame?
  Lernst du nicht für deine Prüfung?
  – No, oggi **non** ho voglia di studiare.
  Nein, heute habe ich keine Lust zu lernen.
- Mi presti il pallone?
  Leihst du mir den Ball?
  – **No, non** te lo presto.
  Nein, ich leihe ihn dir nicht.
- Vieni o **no**?
  Kommst du oder nicht?

2 Die mehrfache Verneinung

Die adverbialen, mehrfachen Verneinungen werden wie eine Klammer um das Verb gebildet: **non** (nicht) steht vor dem Verb, die adverbiale Verneinung, z. B. **niente** (nichts) oder **nessuno** (niemand), nach dem Verb. Objekt- und Reflexivpronomen stehen zwischen **non** und dem Verb. Es handelt sich dabei nicht um eine doppelte Verneinung, die im Deutschen einer positiven Verstärkung entspräche.

- Che cosa hai detto?
  Was hast du gesagt?
  – **Non** ho detto **niente**/**nulla**.
  Ich habe nichts gesagt.
- Vai spesso al cinema?
  Gehst du oft ins Kino?
  – A dire il vero **non** ci vado **mai**.
  Um ehrlich zu sein, ich gehe nie hin.
- Fallo di nuovo!
  Mach es noch einmal!
  – No, **non** lo faccio **più**.
  Nein, ich mache es nicht mehr.
- Vuoi ancora del riso?
  Möchtest du noch Reis?
  – No, **non** voglio più **niente**, grazie.
  Nein, ich will nichts mehr, danke.
- Chi hai visto?
  Wen hast du gesehen?
  – **Non** ho visto **nessuno**.
  Ich habe niemanden gesehen.
- Dove vai?
  Wohin gehst du?
  – **Non** vado da **nessuna** parte.
  Ich gehe nirgendwohin.
- Io non lo voglio.
  Ich will es nicht.
  – Beh, **non** lo voglio **neanche**/**nemmeno**/**neppure** io.
  Also, ich (will es) auch nicht.

- Ti piace?
  Gefällt es dir?
- **Non** mi piace **per niente** / **affatto.**
  Es gefällt mir überhaupt nicht.
- Hai bevuto il latte scaduto?
  Hast du die abgelaufene Milch getrunken?
- No, **non** sono **mica** scemo.
  Nein, ich bin doch nicht blöd.

Im Italienischen werden die folgenden Negationsadverben mit non vor dem Verb gebraucht:

non ... niente/nulla	nichts
non ... più	nicht mehr
non ... nessuno	niemand
non ... neanche/nemmeno/neppure	auch nicht
non ... mica	doch nicht
non ... mai	nie
non ... più niente	nichts mehr
non ... da nessuna parte	nirgendwo
non ... niente affatto / per niente	überhaupt nicht

Bei den zusammengesetzten Verben stehen niente/nulla (nichts) und nessuno (niemand) nach dem Partizip. Ancora (noch), mai (nie), mica (doch nicht), neanche/nemmeno/neppure (auch nicht) und più (mehr) können aber auch vor dem Partizip stehen.

	Non ho visto niente.	Ich habe nichts gesehen.
	Non è venuto nessuno.	Niemand ist gekommen.
Aber:	Perché non sei più venuta?	Warum bist du nicht mehr gekommen?
	Non ci ho mai pensato.	Ich habe nie daran gedacht.

3 *Non ... né ... (né ...)*

Bei einer Aufzählung von Verneinungen wird jedes verneinte Element mit né eingeleitet, während vor dem Verb non steht. Eine zweite Verneinung, die sich an die erste anschließt, wird ebenfalls mit né eingeleitet.

Non mi piace **né** il vino **né** la birra.	Ich mag weder Wein noch Bier.
Non canto, **né** ballo.	Weder singe ich noch tanze ich.

Die Präposition

35 Grundsätzliches

Präpositionen *(le preposizioni)* drücken örtliche, zeitliche und viele andere Beziehungen zwischen Personen, Gegenständen usw. aus.

	a Pisa.
	in Pisa
	da Luciano.
	bei Luciano
	qui **per** te.
	hier für dich
Sono	**davanti alla** biblioteca.
Ich bin	vor der Bibliothek
	qui **da** ieri.
	hier seit gestern
	qui **fino a** domani.
	hier bis morgen
	là **fra/tra** un'ora.
	dort in einer Stunde
	sulla strada.
	auf der Straße

	in Italia.
	in Italien
	senza soldi.
	ohne Geld
	sotto un ponte.
	unter einer Brücke
Sono	**con** una mia amica.
Ich bin	mit einer Freundin von mir
	di Milano.
	aus Mailand
	in mezzo ai guai.
(Ich habe)	Schwierigkeiten
	fuori casa.
	außer Haus
	dietro l'albero.
	hinter dem Baum

Einfache Präpositionen: **a** (an/in/nach), **di** (von/aus), **da** (aus/seit), **in** (in/nach), **con** (mit), **su** (auf/über), **per** (für/nach), **tra/fra** (zwischen/in).

Zusammengesetzte Präpositionen: **davanti a** (vor), **fino a** (bis), **in mezzo a** (in der Mitte von), **a causa di** (wegen) …

Einige Präpositionen werden manchmal mit einer zweiten Präposition gebraucht: **senza (di)** (ohne), **sotto (a/di)** (unter), **fuori (di)** (außerhalb von), **dietro (a/di)** (hinter), **su (di)** (über/auf), **sopra (a/di)** (über).

36 Präpositionen mit bestimmtem Artikel

Die Präpositionen **a, di, da, in, su** verschmelzen mit dem bestimmten Artikel zu besonderen Formen *(preposizioni articolate)*.

	il	lo	l'	la	i	gli	le
a	al	allo	all'	alla	ai	agli	alle
di	del	dello	dell'	della	dei	degli	delle
da	dal	dallo	dall'	dalla	dai	dagli	dalle
in	nel	nello	nell'	nella	nei	negli	nelle
su	sul	sullo	sull'	sulla	sui	sugli	sulle

Sono **sul** balcone. — Ich bin auf dem Balkon.
Siete **allo** stadio. — Ihr seid am Stadion.
La borsa **del** signore. — Die Tasche des Mannes.

37 Präpositionen des Ortes und der Richtung

1 *a*

Im Allgemeinen wird die Präposition **a** bei der Orts- bzw. Richtungsangabe mit Artikel verwendet.

al bar	in der Bar / in die Bar
allo zoo	im Zoo / in den Zoo
all'aeroporto	am Flughafen / an den Flughafen

Ausnahmen sind z. B.:

a casa	zu Hause / nach Hause
a teatro	im Theater / ins Theater
a letto	im Bett / ins Bett
a scuola	in der Schule / in die Schule
a lezione	im Unterricht / in den Unterricht
a tavola	zu Tisch
a pagina ...	auf Seite ...
a destra	rechts
a sinistra	links

Bei Städtenamen und kleinen Inseln ist die Präposition **a** nur Ortsangabe und wird ohne Artikel verwendet. Ausnahme: **all'Elba** (auf der Insel Elba).

a Firenze	in/nach Florenz
a Parigi	in/nach Paris
a Capri	in/nach Capri

2 *in*

Bei Geschäftsbezeichnungen, Straßenangaben, Kontinenten, Ländern, großen Inseln und Wohn- oder anderen Innenräumen wird die Präposition **in** bei der Orts- und Richtungsangabe ohne Artikel verwendet.

in farmacia	in der Apotheke / in die Apotheke
in via Dante	in der Dantestraße / in die Dantestraße
in piazza	auf dem Platz
in Europa	in Europa / nach Europa
in Germania	in Deutschland / nach Deutschland
in Sicilia	in Sizilien / nach Sizilien
in bagno	im Badezimmer / in das Badezimmer
in cucina	in der Küche / in die Küche
in camera	im Zimmer / in das Zimmer

Außerdem ohne Artikel steht **in** mit folgenden Ausdrücken z. B.:

in banca	in der Bank / in die Bank
in biblioteca	in der Bibliothek / in die Bibliothek
in campagna	auf dem Land / aufs Land
in centro	im Zentrum / in das Zentrum
in città	in der Stadt / in die Stadt
in classe	im Klassenzimmer / in das Klassenzimmer
in discoteca	in der Disko / in die Disko
in fabbrica	in der Fabrik / in die Fabrik
in giardino	im Garten / in den Garten
in palestra	im Fitnesscenter / in das Fitnesscenter
in piscina	im Schwimmbad / in das Schwimmbad
in ufficio	im Büro / in das Büro
in vacanza	im Urlaub / in den Urlaub
in montagna	in den Bergen / in die Bergen
in viaggio	auf Reise

Mit Artikel wird die Präposition **in** verwendet, wenn die geographischen Angaben genauer umschrieben sind oder im Plural stehen.

nell'Italia meridionale	im/nach Süditalien
nella favolosa Svizzera	in der fabelhaften / in die fabelhafte Schweiz
negli Stati Uniti	in den / in die Vereinigten Staaten
nelle Marche	in den / in die Marken

Bei maskulinen Ländern und Regionen im Singular kann die Präposition entweder mit oder ohne Artikel stehen. Ausnahmen: **in Israele, in Egitto** (in/nach Israel, in/nach Ägypten).

in Lazio = nel Lazio		im/in das Latium
in Canada = nel Canada		in/nach Kanada
in Giappone = nel Giappone		in/nach Japan

3 *da*

Bei geographischen Angaben übernimmt die Präposition **da** die Funktion der Herkunftsbezeichnung. Bei Städten wird **da** ohne Artikel, bei Ländern und Kontinenten mit Artikel benutzt. Mit Verben wie **venire** (kommen) und **partire** (abfahren) hat die Präposition **da** ebenfalls die Bedeutung „von" (Herkunftsbezeichnung).

Vengo da Roma.
Ich komme aus Rom.
Vengo dalla Germania.
Ich komme aus Deutschland.
Vengo dall'Europa.
Ich komme aus Europa.

Vengo da casa di Michele.
Ich komme von Micheles Haus.
Vengo dallo stadio.
Ich komme aus dem Stadion.
Parto dalla stazione.
Ich fahre vom Bahnhof ab.

Bei Personennamen und Berufsbezeichnungen übernimmt die Präposition **da** die Funktion der Orts- bzw. Richtungsangabe („bei/zu"). Ob es sich um eine Orts- oder Richtungsangabe handelt, erkennt man an der Bedeutung des Verbs (**sono da ...** – ich bin bei ..., **vado da ...** – ich gehe zu ..., **vengo da ...** – ich komme von ...).

Vado da Salvatore.	Ich gehe zu Salvatore.
Da Elio c'è sempre molta gente.	Bei Elio gibt es immer viele Leute.
Vado dal dentista.	Ich gehe zum Zahnarzt.

4 *per*

Die Präposition **per** gibt das Ziel, den Bestimmungsort an.

Parto per Venezia.	Ich fahre nach Venedig.
Parto per la Francia.	Ich fahre nach Frankreich.

5 Weitere Präpositionen

Davanti a bedeutet „vor“.

Davanti alla banca ci sono due poliziotti.
Vor der Bank gibt es zwei Polizisten.
Davanti alla stazione c’è un’edicola.
Vor dem Bahnhof gibt es ein Kiosk.

Dietro kann mit oder ohne a gebraucht werden und bedeutet „hinter“.

C’è un giardino **dietro la** casa / **dietro alla** casa.
Es gibt einen Garten hinter dem Haus.
Mi nascondo **dietro l’**albero / **dietro all’**albero.
Ich verstecke mich hinter dem Baum.

Tra und fra sind austauschbar und bedeuten bei der Orts- oder Richtungsangabe „zwischen“. Ob fra oder tra gebraucht wird, entscheidet oft die lautliche Umgebung: statt tra tre strade besser fra tre strade (zwischen drei Straßen).

Tra il dire e il fare, c’è di mezzo il mare.
Mit Reden ist es nicht getan. *wörtlich:* Zwischen Sagen und Tun gibt es das Meer.
Fra le due montagne c’è un fiume.
Zwischen den beiden Bergen gibt es einen Fluss.

Accanto a bedeutet „neben“.

Sto **accanto** a te.
Ich bleibe neben dir.
Le ragazze siedono una **accanto** all’altra.
Die Mädchen sitzen nebeneinander.

Sopra (a) bedeutet „über“, sotto (a) bedeutet „unter“. Beide Präpositionen können mit oder ohne die Präposition a gebraucht werden.

Sopra la panca la capra campa, **sotto** la panca la capra crepa.
Auf der Bank lebt die Ziege, unter der Bank stirbt die Ziege.
(Italienischer Zungenbrecher)
Sopra al tavolo / **Sopra il** tavolo c’è una lampada.
Auf dem Tisch steht eine Lampe.

Le scarpe sono **sotto al** letto / **sotto il** letto.
Die Schuhe sind unter dem Bett.

Di fronte a bedeutet „gegenüber (von)“.

La tabaccheria è **di fronte al** cinema.
Der Tabakladen ist gegenüber dem Kino.
La casa **di fronte alla** stazione è molto vecchia.
Das Haus gegenüber dem Bahnhof ist sehr alt.

Dentro bedeutet „in(nen ... drin)“, „innerhalb“.

Forchette e cucchiai sono **dentro il/al** cassetto.
Gabeln und Löffel sind in der Schublade.
Quante persone abitano qui **dentro?**
Wie viele Leute wohnen hier (drin)?

Fuori bedeutet „außerhalb“, „hinaus“, „draußen“. Fuori kann mit der Präposition di verwendet werden.

Starò **fuori dall'**Italia per un mese.
Ich werde für einen Monat außerhalb Italiens sein.
Ero **fuori** in giardino a tagliare l'erba.
Er war draußen im Garten, um das Gras zu mähen.

Verso bedeutet „gegen“, „in Richtung“. Verso kann mit der Präposition di verwendet werden.

Anna è andata **verso** casa sua.
Anna ist nach Hause gegangen.
Girati **verso (di)** me.
Dreh dich zu mir.

Contro bedeutet „gegen“.

Sei sempre **contro (di)** me.
Du bist immer gegen mich.
La macchina è finita **contro** un albero.
Das Auto ist gegen einen Baum gefahren.

Vicino a bedeutet „in der Nähe von", „nahe".

Vicino al fiume c'è un prato bellissimo.
In der Nähe vom Fluss gibt es eine wunderschöne Wiese.
L'ufficio informazioni è **vicino al** Comune.
Das Informationsbüro ist in der Nähe vom Rathaus.

38 Präpositionen der Zeit

a	bis	A domani! Bis Morgen! Alla prossima volta. Bis zum nächsten Mal!
a	um ... Uhr	Vengo da te alle due. Ich komme zu dir um 2 Uhr. All'una devo andarmene. Um Eins muss ich weggehen.
a	an	Ci vediamo a Natale. Wir sehen uns an Weihnachten. Lo stipendio arriva alla fine del mese. Das Gehalt kommt am Ende des Monats.
da	seit	Non ci vediamo da tre settimane. Wir sehen uns seit drei Wochen nicht. Sono qui da ieri. Ich bin hier seit gestern.
da	ab	Da domani non lavoro più. Ab morgen arbeite ich nicht mehr. Lo facciamo dalla prossima volta in poi. Wir machen es ab nächstes Mal.
da ... a	von ... bis	L'esame dura dalle due alle tre. Die Prüfung dauert von 2 bis 3 Uhr. È rimasto a Prato dal 21 al 25 febbraio. Er ist in Prato vom 21. bis (zum) 25. Februar geblieben.
di	von, aus	Questa notizia è di ieri. Diese Nachricht ist von gestern.

		Questo armadio è dell'Ottocento. Dieser Schrank ist aus dem 19. Jahrhundert.
di	in, an	Vengo a Palermo d'estate. (= in estate) Ich komme im Sommer nach Palermo. È successo di giorno. Es ist tagsüber passiert.
di	immer …	Di mattina mi faccio un caffè. Morgens mache ich mir einen Kaffee. I film più belli li fanno di sabato. Die besten Filme laufen immer am Samstag.
… fa (nachgestellt)	vor	Mi ha chiamato tre giorni fa. Er hat mich vor drei Tagen angerufen. È venuta poco fa. Sie ist vor kurzem gekommen.
durante (+ Nomen)	während	Durante il film ci sono delle interruzioni pubblicitarie. Während des Filmes gibt es Werbeunterbrechungen. aber: Mentre camminavo ho visto un incidente. Während ich lief, habe ich einen Unfall gesehen.
entro	innerhalb, bis	Il lavoro dev'essere completato entro domani. Die Arbeit muss bis morgen fertig sein. Ti darò la risposta entro una settimana. Ich werde dir die Antwort innerhalb einer Woche geben.
fino a	bis	Hai tempo fino a stasera. Du hast Zeit bis heute Abend. Hanno detto che ci sarà brutto tempo fino a giovedì. Man hat gesagt, es wird schlechtes Wetter bis Donnerstag geben.
in	in, innerhalb	Vengo a Trento in estate. Ich komme im Sommer nach Trento. Il pacco deve arrivare in giornata. Das Paket muss innerhalb des heutigen Tages ankommen.

per	für, seit	**Non ci siamo parlati per mesi.** Wir haben uns seit Monaten nicht gesprochen. **Ho prenotato il tavolo per le otto.** Ich habe den Tisch für 8 Uhr reserviert.
tra/fra	in	**Ci vediamo fra una settimana.** Wir sehen uns in einer Woche. **Tra poco comincia il film.** In Kürze fängt der Film an.

39 Weiterer Gebrauch der Präpositionen

1 *a*

Die Präposition **a** wird gebraucht, um ein indirektes Objekt (Dativobjekt) anzuschließen. Sie wird im Deutschen mit Dativ übersetzt.

Il signor Rossi regala un cappotto a sua moglie.
Herr Rossi schenkt seiner Frau einen Mantel.
La mamma dà un gelato ai bambini.
Die Mutter gibt den Kindern ein Eis.

In folgenden Wendungen wird die Präposition **a** gebraucht:

andare a piedi	zu Fuß gehen
andare a cavallo	reiten

2 *da*

In folgenden Wendungen wird die Präposition **da** gebraucht:

zur Angabe des Zwecks	**macchina da scrivere** Schreibmaschine **costume da bagno** Badehose **occhiali da sole** Sonnenbrille
im Sinne von „als“, „wie ein“	**Da giovane ho letto molto.** Als Junge / Als Mädchen habe ich viel gelesen.

	Ti comporti da bambino. Du benimmst dich wie ein Kind. **Da grande farò il medico.** Wenn ich groß bin, werde ich Arzt.
in Verbindung mit **parte** und **solo**	**Quando vieni dalle nostre parti?** Wann kommst du in unsere Gegend? **È molto gentile da parte tua.** Das ist sehr nett von dir. **Vengo da solo.** Ich komme allein. **Siamo da soli.** Wir sind allein.
in festen Wendungen	**Ho una fame da morire.** Ich habe einen Mordshunger. **C'è da impazzire!** Es ist nicht zum Aushalten!
bei Einheiten in der Bedeutung „zu"	**Un francobollo da 45 centesimi, per favore.** Bitte eine 45-Cents-Marke. **Mi può cambiare un pezzo da un euro?** Können Sie mir ein Ein-Euro-Stück wechseln?

3 *di*

In folgenden Wendungen wird die Präposition **di** gebraucht:

Me l'ha detto di nascosto.	Er hat es mir heimlich gesagt.
Queste scarpe sono molto di moda.	Die Schuhe sind sehr „in" / in Mode.
Questa giacca è di pelle.	Diese Jacke ist aus Leder.
• **Grazie.** – **Di niente.**	Danke. Schon gut.

4 *in*

In folgenden Wendungen wird die Präposition **in** gebraucht:

Andiamo in macchina / in treno.	Wir fahren mit dem Auto / mit dem Zug.
Sei arrivato in tempo.	Du bist rechtzeitig gekommen.
Il treno è partito in anticipo.	Der Zug ist zu früh abgefahren.
Arriva sempre in ritardo.	Er/Sie kommt immer zu spät.

40 Verben mit präpositionalem Anschluss

Es folgt eine Liste mit Verben, die Objekte mit einer Präposition anschließen. Diese Liste ist nicht vollständig. Wenn Sie ein Verb nicht finden, erhalten Sie weitere Informationen in Wörterbüchern.

Zu den Abkürzungen:

qcn steht für qualcuno (jemand) – eine Person
qcs steht für qualcosa (etwas) – einen Gegenstand oder Sachverhalt

1 Verben mit einem Objekt

(ac)contentarsi di qcs	sich zufrieden geben mit etw.
abituarsi a qcs/qcn	sich gewöhnen an etw./jdn
allontanarsi da qcs/qcn	sich entfernen von etw./jdm
appartenere a qcn/qcs	gehören zu jdm/etw.
arrabbiarsi con qcn	sich ärgern über jdn
arrabbiarsi per qcs	sich ärgern wegen etw.
assistere a qcs	etw. beiwohnen
chiedere a qcn	jdn fragen
chiedere di qcn	fragen nach jdm
cominciare da qcs	beginnen mit etw.
confidarsi con qcn	sich jdm anvertrauen
contare su qcs/qcn	zählen auf etw./jdn
contribuire a qcs	beitragen zu etw.
convenire su qcs	sich einigen auf etw.
copiare da qcn/qcs	abschreiben von jdm/etw.
credere a qcn/qcs	glauben an jdn/etw.
credere in qcn/qcs	glauben an jdn/etw.
differire da qcn/qcs	sich unterscheiden von jdm/etw.
dimenticarsi di qcn/qcs	jdn/etw. vergessen
discutere di qcs	diskutieren über etw.
discutere su qcs/qcn	diskutieren über etw./jdn
distinguersi da qcs/qcn	sich unterscheiden von etw./jdm
domandare a qcn	jdn fragen
domandare di qcn	fragen nach jdm
dubitare di qcs/qcn	zweifeln an etw./jdm
fidanzarsi con qcn	sich verloben mit jdm
fidarsi di qcn/qcs	jdm/etw. trauen

fregarsene di qcn/qcs	pfeifen auf jdn/etw.
giocare con qcn/qcs	spielen mit jdm/etw.
godere di qcs	sich freuen an etw., etw. genießen
immischiarsi in qcs	sich einmischen in etw.
influire su qcn/qcs	jdn/etw. beeinflussen
informarsi di qcn/qcs	sich erkundigen nach jdm/etw.
informarsi su qcn/qcs	sich informieren über jdn/etw.
innamorarsi di qcn/qcs	sich verlieben in jdn/etw.
insistere su qcs	bestehen auf etw.
interessarsi a qcs/qcn	sich kümmern um etw./jdn
interessarsi di qcn/qcs	sich interessieren für jdn/etw.
iscriversi a qcs	sich einschreiben in etw.
lamentarsi con qcn	sich beschweren bei jdm
lamentarsi di qcs	sich beklagen über etw.
limitarsi a qcs	sich beschränken auf etw.
mancare di qcs	fehlen an etw., etw. nicht haben
meravigliarsi di qcn/qcs	sich wundern über jdn/etw.
occuparsi di qcs/qcn	sich beschäftigen mit etw./jdm
parlare a qcn	sprechen zu jdm
parlare di qcn/qcs	sprechen über jdn/etw., von jdm/etw.
partecipare a qcs	teilnehmen an etw.
partire da qcs	abfahren von, ausgehen von etw.
pentirsi di qcs	etw. bereuen
persistere in qcs	bestehen auf etw.
preoccuparsi per qcn/qcs	sich Sorgen machen über jdn/etw.
raccontare di qcn/qcs	erzählen von jdm/etw.
reagire a qcs	reagieren auf etw.
resistere a qcn/qcs	jdm/etw. widerstehen
riflettere su qcs/qcn	nachdenken über etw./jdn
ringraziare di qcs	sich bedanken für etw.
ringraziare per qcs	danken für etw.
rinunciare a qcs	verzichten auf etw.
rispondere a qcn/qcs	jdm/etw. antworten
ritornare su qcs	zurückkommen auf etw.
sapere di qcn/qcs	wissen von jdm/etw.
scusarsi con qcn	sich entschuldigen bei jdm
scusarsi di qcs	sich entschuldigen für etw.
servire a qcs	dienen zu etw.

servire da qcs	dienen als etw.
sperare in qcs/qcn	hoffen auf etw./jdn
sposarsi con qcn	jdn heiraten
telefonare a qcn	jdn anrufen
toccare a qcn	an der Reihe sein
tradurre da qcs	übersetzen aus etw.
vendicarsi di qcs/qcn	sich für etw. rächen / an jdm Rache nehmen
vendicarsi su qcn	sich rächen an jdm
vergognarsi di qcn/qcs	sich schämen für jdn/etw.
vivere di qcs	leben von etw.

2 Verben mit zwei Objekten

accusare qcn di qcs	jdn einer Sache anklagen/beschuldigen
affidare qcs a qcn	jdm etw. anvertrauen
aggiungere qcs a qcs	einer Sache etw. hinzufügen
avvertire qcn di qcs	jdn vor etw. warnen
chiedere qcs a qcn	jdn um etw. bitten, jdn nach etw. fragen
condannare qcn a qcs	jdn zu etw. verurteilen
confidare qcs a qcn	jdm etw. anvertrauen
confondere qcn/qcs con qcn/qcs	jdn/etw. mit jdm/etw. verwechseln
confrontare qcn/qcs con qcn/qcs	jdn/etw. mit jdm/etw. vergleichen
congratularsi con qcn di/per qcs	jdm zu etw. gratulieren
consigliare qcs a qcn	jdm etw. raten
convincere qcn di qcs	jdn von etw. überzeugen
dare qcs a qcn	jdm etw. geben
difendere qcn/qcs da qcn/qcs	jdn/etw. vor jdm/etw. verteidigen, schützen
dire qcs a qcn	jdm etw. sagen
domandare qcs a qcn	jdn nach etw. fragen
dovere qcs a qcn	jdm etw. schulden
imparare qcs da qcn	von jdm etw. lernen
informare qcn di qcs	jdn über etw. informieren
insegnare qcs a qcn	jdm etw. beibringen, jdn etw. lehren
invidiare qcs a qcn	jdn um etw. beneiden
invitare qcn a qcs	jdn zu etw. einladen
lamentarsi con qcn di qcs	sich bei jdm über etw. beklagen
mandare qcs a qcn	jdm etw. schicken

mostrare qcs a qcn	jdm etw. zeigen
offrire qcs a qcn	jdm etw. anbieten
paragonare qcn/qcs a qcn/qcs	jdn/etw. mit jdm/etw. vergleichen
passare qcs a qcn	jdm etw. reichen
pregare qcn di qcs	jdn um etw. bitten
prestare qcs a qcn	jdm etw. ausleihen
promettere qcs a qcn	jdm etw. versprechen
raccomandare qcs a qcn	jdm etw. empfehlen
raccontare qcs a qcn	jdm etw. erzählen
rendere qcs a qcn	jdm etw. zurückgeben
ricordare qcs a qcn	jdn an etw. erinnern
ringraziare qcn di/per qcs	jdm für etw. danken
sapere qcs da qcn	etw. von jdm erfahren
scrivere qcs a qcn	jdm etw. schreiben
scusarsi con qcn di/per qcs	sich bei jdm für etw. entschuldigen
sospettare qcn di qcs	jdn einer Sache verdächtigen
sostituire qcn/qcs a (con) qcn/qcs	jdn/etw. durch jdn/etw. ersetzen
spedire qcs a qcn	jdm etw. schicken
togliere qcs a qcn	jdm etw. wegnehmen
vendicarsi di qcs su qcn	sich bei jdm für etw. rächen

Die Konjunktion

41 Grundsätzliches

Konjunktionen *(le congiunzioni)* sind unveränderliche Wörter. Sie verbinden Satzteile oder ganze Sätze miteinander zu einem Satz. Dabei unterscheidet man beiordnende Konjunktionen *(congiunzioni coordinative)*, die zwei Hauptsätze oder Satzteile verbinden, von unterordnenden Konjunktionen *(congiunzioni subordinative)*, die Nebensätze an einen Hauptsatz anschließen.

42 Beiordnende Konjunktionen

e (ed vor Vokal)	und	Patrizia e Silvana vanno a teatro. Patrizia und Silvana gehen ins Theater.
o (od vor Vokal)	oder	Essere o non essere ... Sein oder nicht Sein ...

oppure	oder	**Puoi leggere un libro oppure ascoltare un disco.** Du kannst ein Buch lesen oder eine Schallplatte hören.
anche	auch	**Venite anche voi al mare?** Kommt ihr auch ans Meer?
allora/dunque/ quindi	also	**Sono povero, quindi non ti posso dare niente.** Ich bin arm, also kann ich dir nichts geben.
cioè	das heißt	**Mi ha telefonato il 5, cioè sabato scorso.** Er hat mich am 5. angerufen, d.h. letzten Samstag.
infatti	nämlich, denn, in der Tat	**Non mi fidavo di lei, e infatti ho avuto ragione.** Ich vertraute ihr nicht und in der Tat hatte ich Recht.
ma/però	aber	**Mi dispiace, ma oggi non ho tempo.** Es tut mir Leid, aber ich habe heute keine Zeit.
perciò/pertanto	daher, deshalb	**Hai lavorato molto oggi, perciò ti invito a cena.** Du hast heute viel gearbeitet, deshalb lade ich dich zum Abendessen ein.
tuttavia	trotzdem	**È a casa, tuttavia non risponde al telefono.** Er/Sie ist zu Hause, trotzdem antwortet er/sie am Telefon nicht.
anzi	vielmehr, sogar	**Non me ne vado, anzi resto fino alla fine.** Ich gehe nicht weg, ich bleibe sogar bis zum Ende.
invece	hingegen, jedoch	**Pensavo di arrivare presto, e invece ho perso il treno.** Ich hatte vor, rechtzeitig zu kommen, habe jedoch den Zug verpasst.

al contrario	im Gegenteil	Non è povero, al contrario: è ricco. Er ist nicht arm, im Gegenteil: Er ist reich.
e ... e	sowohl ... als	Alla festa c'era e della birra e del auch Auf der Party gab es sowohl Bier als auch Wein.
sia ... sia/che	sowohl ... als auch	È una ragazza sia bella sia/che intelligente. Sie ist sowohl ein schönes wie auch intelligentes Mädchen.
né ... né	weder ... noch	Non mangia né carne né pesce. Er/Sie isst weder Fleisch noch Fisch.
non solo ... ma anche	nicht nur ... sondern auch	Mi piace non solo mangiare, ma anche cucinare. Ich mag nicht nur essen, sondern auch kochen.
o ... o	entweder ... oder	O mi aiuti, o te ne puoi andare. Entweder du hilfst mir oder du kannst gehen.

43 Unterordnende Konjunktionen

Die unterordnenden Konjunktionen lassen sich in zwei Gruppen einteilen: Konjunktionen, die einen Nebensatz einleiten, dessen Prädikat im Indikativ steht, und Konjunktionen, die im Nebensatz einen Konjunktiv verlangen.

1 Unterordnende Konjunktionen mit Indikativ im Nebensatz

temporale Konjunktionen (Zeitangabe)

dopo che	nachdem	È venuto dopo che tutti se ne erano andati. Er ist gekommen, nachdem alle weggegangen waren.
finché (non)	(so lange) bis	Finché non telefona, non sono tranquillo. Solange er nicht anruft, bin ich nicht beruhigt.
mentre	während	Mentre scendeva le scale, gli è caduto il vaso. Während er die Treppe hinunterlief, ist ihm die Vase heruntergefallen.

temporale Konjunktionen (Zeitangabe)

(non) appena	sobald	Ti darò il libro non appena l'avrò letto. Ich werde dir das Buch geben, sobald ich es gelesen habe.
ogni volta che	jedes Mal wenn	Ogni volta che faccio sport, mi fa male il ginocchio Jedes mal, wenn ich Sport treibe, tut mir das Knie weh.
quando	als, wenn	Quando rispondo al telefono dico «Pronto?». Wenn ich ans Telefon gehe, sage ich „Hallo".

kausale Konjunktionen (Angabe des Grundes)

dal momento che	da, weil	Dal momento che ti piace, compralo. Da es dir gefällt, kauf es!
dato che	da, weil	Dato che non abbiamo fame, non ceniamo. Da wir keinen Hunger haben, essen wir zum Abend nicht.
poiché	da, weil	Poiché non vuoi farlo tu, lo farò io. Da du es nicht machen willst, werde ich es machen.
perché	da, weil	Non ti sento, perché la musica è troppo forte. Ich höre dich nicht, weil die Musik zu laut ist.
siccome	da, weil	Siccome abbiamo fatto tardi, abbiamo perso l'autobus. Da wir zu spät waren, haben wir den Bus verpasst.
visto che	da, weil	Visto che è già tardi, non usciamo più. Da es schon zu spät ist, gehen wir nicht mehr aus.

⚠ Nebensätze mit **siccome** und **poiché** stehen in der Regel vor dem Hauptsatz.

konsekutive Konjunktionen (Angabe der Folge)

tanto/così ... che	so ..., dass	È tanto bella che tutti la guardano. Sie ist so schön, dass alle sie anschauen.

konsekutive Konjunktionen (Angabe der Folge)

talmente ... che	so viel/sehr ..., dass, noch nicht einmal	È talmente antipatico che non l'ho neanche salutato. Er ist so unsympathisch, dass ich ihn noch nicht einmal gegrüßt habe.
cosicché	so, dass	Mi annoiavo, cosicché me ne sono andato. Ich habe mich so gelangweilt, dass ich weggegangen bin.

Wird mit konsekutiven Nebensätzen etwas Erhofftes oder Erwünschtes ausgedrückt, so steht das Prädikat des Nebensatzes im Konjunktiv: Spiegalo, cosicché tutti lo possano capire (Erkläre es, damit alle es verstehen können).

modale Konjunktionen (Angabe der Art und Weise)

come	wie	Lo devi fare come ti ho detto io. Du musst es machen, wie ich es dir gesagt habe.

2 Unterordnende Konjunktionen mit Konjunktiv im Nebensatz

temporale Konjunktionen (Zeitangabe)

finché	(so lange) bis	Gli spiegherò tutto finché non sia chiaro che cosa intendo. Ich werde ihm alles erklären, bis es klar ist, was ich meine.
prima che	bevor	Usciamo, prima che inizi a piovere. Wir gehen aus, bevor es anfängt zu regnen.

Zum Gebrauch von finché + Indikativ ► NR. 43.1

kausale Konjunktionen (Angabe des Grundes)

non che	nicht dass/weil	Amo il teatro: non che me ne intenda, ma mi piace. Ich liebe das Theater: Nicht dass ich davon etwas verstehe, aber es gefällt mir.

finale Konjunktionen (Angabe des Zwecks / der Absicht)

affinché	damit	Te lo dico affinché ti possa servire. Ich sage es dir, damit es dir hilft.
perché	damit	Farò di tutto perché tu sia felice. Ich werde alles machen, damit du glücklich sein wirst.

konzessive Konjunktionen (Angabe einer Einschränkung)

benché/ malgrado	obwohl	Benché sia freddo, avrei voglia di fare una passeggiata. Obwohl es kalt ist, hätte ich Lust, einen Spaziergang zu machen.
sebbene/ nonostante	obwohl	È uscito, sebbene sua madre glielo avesse vietato. Er ist ausgegangen, obwohl seine Mutter es ihm verboten hatte.

konditionale Konjunktionen (Angabe einer Bedingung)

se	wenn, falls	Se avesse dei bambini, sarebbe felice. Wenn er/sie Kinder hätte, wäre er/sie glücklich.

Zum Zeitengebrauch im Konditionalsatz ► Nr. 26.3.

konditionale Konjunktionen (Angabe einer Bedingung)

a condizione che	vorausgesetzt, dass	**Te lo racconto, a condizione che tu non lo dica a nessuno.** Ich erzähle es dir vorausgesetzt, dass du es niemandem sagst.
a patto che	vorausgesetzt, dass	**Ti presto la bicicletta, a patto che tu me la ridia stasera.** Ich leihe dir das Rad vorausgesetzt, dass du es mir heute Abend zurückgibst.
a meno che non	es sei denn, dass	**A meno che non piova, facciamo una gita in montagna.** Wir machen einen Ausflug in die Berge, es sei denn, dass es regnet.
purché	aber nur, wenn	**Ti aspetto, purché tu faccia presto.** Ich warte auf dich, aber nur, wenn du schnell machst.

modale Konjunktionen (Angabe der Art und Weise)

senza che	ohne dass	**Sai risolvere il problema senza che io ti aiuti?** Kannst du das Problem lösen, ohne dass ich dir helfe?

Die Wortstellung im Satz

44 Grundsätzliches

Einzelne Fragen zur Wortstellung werden in anderen Kapiteln eingehend behandelt:

- Zur Stellung der Negation (z. B. **non vedo** – ich sehe nicht) ► NR. 34,
- des Objektpronomens (z. B. **ti amo** – ich liebe dich) ► NR. 15.3,
- des Adjektivs (z. B. **una bella ragazza, una ragazza intelligente** – ein schönes Mädchen, ein intelligentes Mädchen) ► NR. 12.4,
- der Objekte (z. B. **diamo una risposta a Luca** – wir geben Luca eine Antwort) ► NR. 31.

Es gibt vier wesentliche Satztypen:

1. Der Aussagesatz	**Francesco vede Paola.**	Francesco sieht Paola.
2. Der verneinte Satz	**Questa casa non è bella.**	Dieses Haus ist nicht schön.
3. Der Fragesatz	**Vedi la nave?**	Siehst du das Schiff?
4. Der Befehlssatz	**Ascolta tua madre!**	Hör deiner Mutter zu!

Vado da lei e mi presento.
Ich gehe zu ihr und stelle mich vor.

Lei non mi guarda nemmeno.
Sie schaut mich noch nicht einmal an.

Le regalo dei fiori?
Schenke ich ihr Blumen?

Lass mich in Ruhe!

45 Der Aussagesatz

Objekte stehen hinter dem Prädikat. Hat ein Prädikat zwei Objekte, so steht für gewöhnlich das direkte Objekt vor dem indirekten. Eine Umstellung der Objekte ist möglich. Dabei wird das vom Prädikat entferntere Objekt betont.

Subjekt	Prädikat	direktes Objekt	
Francesco	vede	Paola.	Francesco sieht Paola.

Subjekt	Prädikat	indirektes Objekt	
Francesco	telefona	a Paola.	Francesco ruft Paola an.

Subjekt	Prädikat	direktes Objekt	indirektes Objekt
Francesco	scrive	una lettera	a Paola.

Francesco schreibt Paola einen Brief.

Werden Objekte durch Pronomen ersetzt, so stehen diese vor dem Verb. Bei zwei Objektpronomen steht das indirekte vor dem direkten Objektpronomen. Eine Umstellung ist hier nicht möglich.

Subjekt	direktes Objekt	Prädikat	indirektes Objekt
Francesco	la	scrive	a Paola.

Francesco schreibt ihn Paola.

Subjekt	indirektes Objekt	Prädikat	direktes Objekt
Francesco	le	scrive	una lettera.

Francesco schreibt ihr einen Brief.

Subjekt	indirektes Objekt + direktes Objekt	Prädikat
Francesco	gliela (= le + la)	scrive.

Francesco schreibt ihn ihr.

Adverbien können ziemlich frei im Satz stehen. Wird das Satzglied nach dem Adverb leicht betont ausgesprochen, so bezieht sich das Adverb klar auf dieses Satzglied. Wird das Adverb betont ausgesprochen, bezieht es sich auf den ganzen Satz.

Sicuramente Francesco (!) scrive una lettera a Paola.
Sicher schreibt Francesco Paola einen Brief.

Francesco **sicuramente** scrive (!) una lettera a Paola.
Sicher schreibt Francesco Paola einen Brief.

Francesco scrive **sicuramente** una lettera (!) a Paola.
Francesco schreibt Paola sicher einen Brief.

Francesco scrive una lettera **sicuramente** a Paola (!).
Francesco schreibt sicher Paola einen Brief.

Im Allgemeinen lässt sich sagen, dass die italienische Satzstellung – neben einigen festen Satzstellungsregeln – recht frei ist und stark von dem Wunsch geleitet ist, einzelne Satzglieder zu betonen.

46 Der Fragesatz

Der Fragesatz behält die Normalstellung des Aussagesatzes bei.

Subjekt	Prädikat	direktes Objekt	indirektes Objekt
Francesco	scrive	una lettera	a Paola?

Schreibt Francesco Paola einen Brief?

Die Inversion (Umstellung von Subjekt und Prädikat) ist auch möglich: **Marta arriva stasera? / Arriva stasera Marta?** (Kommt Marta heute Abend an?)
Im Fragesatz wird ein Satzglied erfragt oder eine Bestätigung bzw. Verneinung einer in Frage gestellten Aussage erhofft, sodass das hinterfragte Satzglied stärker betont wird.

Bei Fragen mit Fragewort steht das Subjekt nach dem Verb.

Fragewort	Prädikat	Subjekt	
Dove	va	Emanuele?	Wohin geht Emanuele?

In der indirekten Frage kann das Subjekt des Nebensatzes nach oder vor seinem Prädikat stehen.

Präd. im HS	Konjunktion	Präd. im NS	Subjekt im NS
Sai	che	fa	lui?

Weißt du, was er macht?

Präd. im HS	Konjunktion	Subjekt im NS	Präd. im NS
Sai	se	Giorgio	arriva?

Weißt du, ob Giorgio (an)kommt?

Zum verneinten Satz ► NR. 34.
Zum Befehlssatz ► NR. 27.

Anhang

1 Laut und Schrift

Wie jede Sprache hat auch Italienisch ein eigenes Inventar an Lauten, aus denen die Wörter bestehen und mit denen schließlich Sätze und Texte gebildet werden. Zum großen Teil sind die italienischen Laute dem Deutschen sehr ähnlich. Schriftlich werden Laute durch Buchstaben dargestellt, wobei ein Laut durch einen einzigen oder mehrere Buchstaben dargestellt werden kann.

1 Das Alphabet

Die Buchstaben des italienischen Alphabets sind:

A, a	a	[a]	N, n	enne	[ɛn-ne]
B, b	bi	[bi]	O, o	o	[o]
C, c	ci	[tʃi]	P, p	pi	[pi]
D, d	di	[di]	Q, q	cu	[ku]
E, e	e	[e]	R, r	erre	[ɛr-re]
F, f	effe	[ɛf-fe]	S, s	esse	[ɛs-se]
G, g	gi	[dʒi]	T, t	ti	[ti]
H, h	acca	[ak-ka]	U, u	u	[u]
I, i	i	[i]	V, v	vu, vi	[vu], [vi]
J, j	i lunga	[i luŋga]	W, w	doppia vu/vi	[dop-pia vu/vi]
K, k	cappa	[kap-pa]	X, x	ics	[iks]
L, l	elle	[ɛl-le]	Y, y	ipsilon	[ipsilon]
M, m	emme	[ɛm-me]	Z, z	zeta	[dzɛːta]

Von den 26 Buchstaben kommen j, k, w, x und y allerdings nur in Fremdwörtern oder Eigennamen vor:

jeep – koala – whisky – taxi – yoghurt
Jeep – Koalabär – Whisky – Taxi – Joghurt

Die italienischen Buchstaben sind im Gegensatz zum Deutschen feminin:

la ci – la effe – la erre – la zeta
das c – das f – das r – das z

2 Die Aussprache und die Betonung

1. Aussprache

Buchstabe	Laut	italienische Beispiele	deutsche Entsprechung
a	[a]	alto, tavolo hoch, Tisch	kalt
b	[b]	bambino Kind	Butter
c *vor* a, o, u,	[k]	casa, crudo Haus, roh	klar *unbehaucht*
Konsonant c *stimmlos, vor* e, i	[tʃ]	cento, ci Hundert, dorthin	tschüss
ch *vor* e, i	[k]	che, chi dass, wer	klar *unbehaucht*
ci *stimmlos, vor Vokal*	[tʃ]	ciao hallo	tschüss
d	[d]	dado Würfel	danke
e *geschlossen*	[e]	bere, venti trinken, zwanzig	eben
e *offen*	[ɛ]	vento, bene Wind, gut	essen
f	[f]	freddo, fare kalt, machen	Fisch
g *vor* a, o, u,	[g]	gatto, grande Katze, groß	gut
Konsonant g *stimmhaft, vor* e, i	[dʒ]	gita Ausflug	Dschungel
gh *vor* e, i	[g]	ghiaccio, spaghetti Eis, Spaghetti	gut

Buchstabe	Laut	italienische Beispiele	deutsche Entsprechung
gi *stimmhaft, vor Vokal*	[dʒ]	già, giusto schon, richtig	Dschungel
gl *vor* i, *ungefähr*	[ʎi]	gli, aglio ihm, Knoblauch	–
gl *vor* i, *selten*	[gl]	negligente lustlos	Glück
gn *ungefähr*	[ɲ]	bagno Bad	–
gni *vor Vokal, ungefähr*	[ɲi]	sogniamo wir träumen	–
h *nicht gesprochen*	–	hotel, hai Hotel, du hast	–
i	[i]	Italia, di Italien, von	in
j	[j]	Jugoslavia Jugoslawien	ja
j *stimmhaft*	[dʒ]	jazz Jazz	Dschungel
k	[k]	koala Koalabär	klar *unbehaucht*
l	[l]	lana, letto Wolle, Bett	Lust
m	[m]	mare, madre Meer, Mutter	Mann
n	[n]	no, nudo nein, nackt	nie
o *geschlossen*	[o]	ogni, ombra jedes, Schatten	Ofen
o *offen*	[ɔ]	olio, occhio Öl, Auge	offen

Buchstabe	Laut	italienische Beispiele	deutsche Entsprechung
p	[p]	porto, pace Hafen, Frieden	Prinz *unbehaucht*
qu	[kw]	quando, qui wann, hier	–
r	[r]	raro, riva seltsam, Ufer	*Zungenspitzen-r*
s *stimmlos*	[s]	sale, corso, stile Salz, Korso, Stil	Haus
s *stimmhaft*	[z]	sbaglio, caso Fehler, Fall	singen
sc *vor* a, o, u,	[sk]	scala, scuola Treppe, Schule	Skandinavien
Konsonant sc *vor* e, i	[ʃ]	scimmia Affe	Schule
sch *vor* e, i	[sk]	scherzo Scherz	Skandinavien
sci *vor Vokal*	[ʃ]	scienza Wissenschaft	Schule
t	[t]	tempo Zeit	treffen *unbehaucht*
u	[u]	uno, umore eins, Laune	Ulme
v *stimmhaft*	[v]	vino, vaso Wein, Vase	Vase, Wasser
w *stimmhaft*	[v]	wafer Waffel	Wasser
w *englisch*	[w]	western Western	–
x	[ks]	xilofono Xylophon	Xylophon

Buchstabe	Laut	italienische Beispiele	deutsche Entsprechung
y	[j]	yogurt, yoga Joghurt, Yoga	ja
z *stimmlos*	[ts]	zio, spazio Onkel, Raum	Zeitung
z *stimmhaft*	[dz]	zaino, zero Rücksack, Null	–

Vokalverbindungen

Bei Vokalverbindungen kann entweder jeder der Vokale seinen eigenen Wert behalten – man spricht von Hiat –, z. B. **paese** [pa-eze] (Land), **paura** [pa-ura] (Angst) und nicht wie in „Lauch", oder einer der Vokale gibt seinen Wert auf und wird zum Halbvokal – man spricht von Diphthong –, z. B. **fiume** [fjume] (Fluss), **poi** [poj] (dann).

Doppelkonsonanten

Konsonanten können im Gegensatz zum Deutschen kurz oder lang ausgesprochen werden und dabei sogar die Bedeutung des Wortes verändern. Um einen Doppelkonsonanten auszusprechen, verharrt man etwas länger auf ihm, bevor man weiterspricht. Dabei wird der Vokal davor etwas kürzer ausgesprochen.

fato Schicksal – fatto Tat
papa Papst – pappa Brei
caro teuer – carro Wagen
capello Haar – cappello Hut

2. Betonung

Die meisten italienischen Wörter werden auf der vorletzten Silbe betont: **cạ-sa** (Haus), **mạ-no** (Hand), **rị-co** (reich), **can-tạ-re** (singen).

Daneben kann die Betonung aber auch auf anderen Silben liegen:

Letzte Silbe: **cit-tà** (Stadt), **ve-ri-tà** (Wahrheit), außerdem bei den Formen der 1. Person Sg. und 3. Person Sg. des Futurs, z. B. **amerò** (ich werde lieben), **mangerà** (er/sie wird essen), und bei den Formen der 3. Person Sg. des ***passato remoto***, z. B. **andò** (er/sie ging).

Drittletzte Silbe: **tạ-vo-lo** (Tisch), außerdem bei den meisten Infinitive auf **-ere**, z. B. **cọrrere** (laufen), und bei den Formen der 3. Person Pl. (außer im Futur), z. B. **mạngiano** (sie essen).

Viertletzte Silbe: **Man-da-me-la!**	Schick sie mir!
Fünftletzte Silbe: **In-di-ca-ce-lo!**	Zeig es uns!

3 Rechtschreibung

Im Allgemeinen hat das Italienische eine einfache Rechtschreibung.
Die Laut-Buchstaben-Entsprechungen sind in ► APPENDICE NR. 1.2 aufgelistet.

1. Großschreibung

Nomen werden im Italienischen kleingeschrieben, z. B. **casa** (Haus), **tavolo** (Tisch). Die Großschreibung erfolgt:

- am Satzanfang, z. B. **Vado a casa.** (Ich gehe nach Hause);
- bei Bezeichnungen astronomischer, geographischer, geopolitischer Begriffe, z. B. **Terra** (Erde), **Marte** (Mars), **Luna** (Mond), **Po** (Po), **Mar Adriatico** (Adria), **Dolomiti** (Dolomiten), **Sicilia** (Sizilien), **Italia** (Italien);
- bei Personennamen, z. B. **la famiglia Rossi** (Familie Rossi), **Francesco, Paola**;
- bei Bezeichnungen von Jahrhunderten, Feiertagen und Epochen, z. B. **il Settecento** (das 18. Jahrhundert), **il Barocco** (Barock), **Natale** (Weihnachten);
- bei Bezeichnungen von Institutionen, z. B. **la Chiesa** (die Kirche), **lo Stato** (der Staat);
- bei Heiligen und Göttern, z. B. **la Madonna** (die Mutter Gottes), **Dio** (Gott), **la Vergine** (Heilige Jungfrau), **lo Spirito Santo** (Heiliger Geist);
- bei Angabe von Titeln, z. B. **il Decamerone** (Dekameron).

2. Akzentsetzung

Das Italienische kennt die Akzentsetzung zur Kennzeichnung der Betonung auf der letzten Silbe. Dabei unterscheidet der Akut (´) sich von dem Gravis (`) darin, dass das **e** mit Akut geschlossen, mit Gravis offen ausgesprochen wird.

perché (weil) – **caffè** (Kaffee) – **amerò** (ich werde lieben)

Bei einigen Wörtern wird der Akzent – wie hier – zur Bedeutungsunterscheidung verwendet.

dà	er gibt	**da**	bei, seit *Präposition*
dì	Tag	**di**	von *Präposition*
è	er/sie ist	**e**	und
là	dort	**la**	die *Artikel f.*

lì	dort	li	sie *Personalpronomen*
sé	sich	se	wenn
sì	ja	si	sich *unbetont*
tè	Tee	te	dich *betont*

3. Apostroph

Bei **bello/-a** (schön), **quello/-a** (jene/r/s), **ci** (es), **lo/la** (der/die/das), **una** (eine), **santo/-a** (heilige/r) wird der Endvokal durch einen Apostroph ersetzt, wenn das ihm folgende Wort mit Vokal beginnt.

> **un bell'armadio** (ein schöner Schrank) – **quell'amica** (jene Freundin) – **C'è Martino?** (ist Martino da?) – **l'amica** (die Freundin) – **l'amico** (der Freund) – **Sant'Agata** (Hl. Agate)

Bei **questo** (diese/r/s), **anche** (auch) + Personalpronomen, **senza** (ohne), **di** (in) kann die apostrophierte Form vorkommen.

> **quest'estate** (diesen Sommer) – **anch'io** (ich auch) – **senz'altro** (ohne weiteres) – **d'inverno** (im Winter)

4 Zeichensetzung

.	**punto**	Punkt	-	**trattino, lineetta**	Trennstrich
,	**virgola**	Komma	...	**puntini di sospensione**	Auslassungsspunkte
;	**punto e virgola**	Strichpunkt	« »	**virgolette**	Anführungszeichen
?	**punto interrogativo**	Fragezeichen	–	**trattino, lineetta**	Gedankenstrich
!	**punto esclamativo**	Ausrufezeichen	()	**parentesi tonde**	runde Klammern
:	**due punti**	Doppelpunkt			

Die Satzzeichen sind im Allgemeinen dieselben wie im Deutschen. Lediglich der Gebrauch des Kommas weicht zum Teil von dem des Deutschen ab.

Vor indirekten Fragesätzen steht kein Komma.

Non so quando viene.	Ich weiß nicht, wann er kommt.
Sai dove sono le chiavi?	Weißt du, wo die Schlüssel sind?

Vor einem mit **che** (dass) oder **se** (ob) eingeleiteten Nebensatz steht kein Komma.

Dice che ha fame.	Er sagt, dass er Hunger hat.
Voglio proprio vedere se ha ragione.	Ich will mal sehen, ob er Recht hat.

Vor einschränkenden Relativsätzen steht kein Komma.

Ti piace il vaso che voglio comprare?	Gefällt dir die Vase, die ich kaufen will?

2 Konjugation von *essere* und *avere*

essere (sein) – *Gerund.* essendo – *Part. Präsens* (ente) – *Part. Perf.* stato

Indikativ	Präsens	Imperfekt	*passato remoto*	Futur
io	sono	ero	fui	sarò
tu	sei	eri	fosti	sarai
lui/lei/Lei	è	era	fu	sarà
noi	siamo	eravamo	fummo	saremo
voi	siete	eravate	foste	sarete
loro	sono	ẹrano	fụrono	saranno

Indikativ	*passato prossimo*	*trapassato prossimo*	Futur II
io	sono stato/-a	ero stato/-a	sarò stato/-a
tu	sei stato/-a	eri stato/-a	sarai stato/-a
lui/lei/Lei	è stato/-a	era stato/-a	sarà stato/-a
noi	siamo stati/-e	eravamo stati/-e	saremo stati/-e
voi	siete stati/-e	eravate stati/-e	sarete stati/-e
loro	sono stati/-e	erano stati/-e	saranno stati/-e

Konjunktiv	Präsens	*passato*	Imperfekt	*trapassato*
io	sia	sia stato/-a	fossi	fossi stato/-a
tu	sia	sia stato/-a	fossi	fossi stato/-a
lui/lei/Lei	sia	sia stato/-a	fosse	fosse stato/-a
noi	siamo	siamo stati/-e	fossimo	fossimo stati/-e
voi	siate	siate stati/-e	foste	foste stati/-e
loro	sịano	sịano stati/-e	fọssero	fọssero stati/-e

Konditional	Präsens	der Vergangenheit	Imperativ
io	sarei	sarei stato/-a	–
tu	saresti	saresti stato/-a	sii
lui/lei/Lei	sarebbe	sarebbe stato/-a	sia
noi	saremmo	saremmo stati/-e	siamo
voi	sareste	sareste stati/-e	siate
loro	sarẹbbero	sarẹbbero stati/-e	sịano

avere (haben) – *Gerund.* avendo – *Part. Präsens* avente – *Part. Perf.* avuto

Indikativ	Präsens	Imperfekt	*passato remoto*	Futur
io	ho	avevo	ebbi	avrò
tu	hai	avevi	avesti	avrai
lui/lei/Lei	ha	aveva	ebbe	avrà
noi	abbiamo	avevamo	avemmo	avremo
voi	avete	avevate	aveste	avrete
loro	hanno	avẹvano	ẹbbero	avranno

Indikativ	*passato prossimo*	*trapassato prossimo*	Futur II
io	ho avuto	avevo avuto	avrò avuto
tu	hai avuto	avevi avuto	avrai avuto
lui/lei/Lei	ha avuto	aveva avuto	avrà avuto
noi	abbiamo avuto	avevamo avuto	avremo avuto
voi	avete avuto	avevate avuto	avrete avuto
loro	hanno avuto	avẹvano avuto	avranno avuto

Konjunktiv	Präsens	*passato*	Imperfekt	*trapassato*
io	abbia	abbia avuto	avessi	avessi avuto
tu	abbia	abbia avuto	avessi	avessi avuto
lui/lei/Lei	abbia	abbia avuto	avesse	avesse avuto
noi	abbiamo	abbiamo avuto	avessimo	avessimo avuto
voi	abbiate	abbiate avuto	aveste	aveste avuto
loro	ạbbiano	ạbbiano avuto	avẹssero	avẹssero avuto

Konditional	Präsens	der Vergangenheit	Imperativ
io	avrei	avrei avuto	–
tu	avresti	avresti avuto	abbi
lui/lei/Lei	avrebbe	avrebbe avuto	abbia
noi	avremmo	avremmo avuto	abbiamo
voi	avreste	avreste avuto	abbiate
loro	avrẹbbero	avrẹbbero avuto	ạbbiano

3 Konjugation von regelmäßigen Verben

1. Konjugation: -are

amare (lieben) – *Gerund.* amando – *Part. Präsens* amante – *Part. Perf.* amato

Indikativ	Präsens	Imperfekt	*passato remoto*	Futur
io	amo	amavo	amai	amerò
tu	ami	amavi	amasti	amerai
lui/lei/Lei	ama	amava	amò	amerà
noi	amiamo	amavamo	amammo	ameremo
voi	amate	amavate	amaste	amerete
loro	ạmano	amạvano	amạrono	ameranno

Indikativ	*passato prossimo*	*trapassato prossimo*	Futur II
io	ho amato	avevo amato	avrò amato
tu	hai amato	avevi amato	avrai amato
lui/lei/Lei	ha amato	aveva amato	avrà amato
noi	abbiamo amato	avevamo amato	avremo amato
voi	avete amato	avevate amato	avrete amato
loro	hanno amato	avẹvano amato	avranno amato

Konjunktiv	Präsens	*passato*	Imperfekt	*trapassato*
io	ami	abbia amato	amassi	avessi amato
tu	ami	abbia amato	amassi	avessi amato
lui/lei/Lei	ami	abbia amato	amasse	avesse amato
noi	amiamo	abbiamo amato	amassimo	avessimo amato
voi	amiate	abbiate amato	amaste	aveste amato
loro	ạmino	ạbbiano amato	amạssero	avẹssero amato

Konditional	Präsens	der Vergangenheit	Imperativ
io	amerei	avrei amato	–
tu	ameresti	avresti amato	ama
lui/lei/Lei	amerebbe	avrebbe amato	ami
noi	ameremmo	avremmo amato	amiamo
voi	amereste	avreste amato	amate
loro	amerẹbbero	avrẹbbero amato	ạmino

2. Konjugation: -ere

credere (glauben) – *Gerund.* credendo – *Part. Präsens* credente – *Part. Perf.* creduto

Indikativ	Präsens	Imperfekt	*passato remoto*	Futur
io	credo	credevo	credei/credetti	crederò
tu	credi	credevi	credesti	crederai
lui/lei/Lei	crede	credeva	credé/credette	crederà
noi	crediamo	credevamo	credemmo	crederemo
voi	credete	credevate	credeste	crederete
loro	crẹdono	credẹvano	credẹrono/credẹttero	crederanno

Indikativ	*passato prossimo*	*trapassato prossimo*	Futur II
io	ho creduto	avevo creduto	avrò creduto
tu	hai creduto	avevi creduto	avrai creduto
lui/lei/Lei	ha creduto	aveva creduto	avrà creduto
noi	abbiamo creduto	avevamo creduto	avremo creduto
voi	avete creduto	avevate creduto	avrete creduto
loro	hanno creduto	avẹvano creduto	avranno creduto

Konjunktiv	Präsens	*passato*	Imperfekt	*trapassato*
io	creda	abbia creduto	credessi	avessi creduto
tu	creda	abbia creduto	credessi	avessi creduto
lui/lei/Lei	creda	abbia creduto	credesse	avesse creduto
noi	crediamo	abbiamo creduto	credessimo	avessimo creduto
voi	crediate	abbiate creduto	credeste	aveste creduto
loro	crẹdano	ạbbiano creduto	credẹssero	avẹssero creduto

Konditional	Präsens	der Vergangenheit	Imperativ
io	crederei	avrei creduto	–
tu	crederesti	avresti creduto	credi
lui/lei/Lei	crederebbe	avrebbe creduto	creda
noi	crederemmo	avremmo creduto	crediamo
voi	credereste	avreste creduto	credete
loro	crederẹbbero	avrẹbbero creduto	crẹdano

3. Konjugation: -ire (ohne Stammerweiterung)

dormire (schlafen) – *Gerund.* dormendo – *Part. Präsens* dormiente – *Part. Perf.* dormito

Indikativ	Präsens	Imperfekt	*passato remoto*	Futur
io	dormo	dormivo	dormii	dormirò
tu	dormi	dormivi	dormisti	dormirai
lui/lei/Lei	dorme	dormiva	dormì	dormirà
noi	dormiamo	dormivamo	dormimmo	dormiremo
voi	dormite	dormivate	dormiste	dormirete
loro	dọrmono	dormịvano	dormịrono	dormiranno

Indikativ	*passato prossimo*	*trapassato prossimo*	Futur II
io	ho dormito	avevo dormito	avrò dormito
tu	hai dormito	avevi dormito	avrai dormito
lui/lei/Lei	ha dormito	aveva dormito	avrà dormito
noi	abbiamo dormito	avevamo dormito	avremo dormito
voi	avete dormito	avevate dormito	avrete dormito
loro	hanno dormito	avẹvano dormito	avranno dormito

Konjunktiv	Präsens	*passato*	Imperfekt	*trapassato*
io	dorma	abbia dormito	dormissi	avessi dormito
tu	dorma	abbia dormito	dormissi	avessi dormito
lui/lei/Lei	dorma	abbia dormito	dormisse	avesse dormito
noi	dormiamo	abbiamo dormito	dormissimo	avessimo dormito
voi	dormiate	abbiate dormito	dormiste	aveste dormito
loro	dọrmano	ạbbiano dormito	dormịssero	avẹssero dormito

Konditional	Präsens	der Vergangenheit	Imperativ
io	dormirei	avrei dormito	–
tu	dormiresti	avresti dormito	dormi
lui/lei/Lei	dormirebbe	avrebbe dormito	dorma
noi	dormiremmo	avremmo dormito	dormiamo
voi	dormireste	avreste dormito	dormite
loro	dormirẹbbero	avrẹbbero dormito	dọrmano

3. Konjugation: -ire (mit Stammerweiterung)

finire (beenden) – *Gerund.* finendo – *Part. Präsens* finente – *Part. Perf.* finito

Indikativ	Präsens	Imperfekt	*passato remoto*	Futur
io	finisco	finivo	finii	finirò
tu	finisci	finivi	finisti	finirai
lui/lei/Lei	finisce	finiva	finì	finirà
noi	finiamo	finivamo	finimmo	finiremo
voi	finite	finivate	finiste	finirete
loro	finịscono	finịvano	finịrono	finiranno

Indikativ	*passato prossimo*	*trapassato prossimo*	Futur II
io	ho finito	avevo finito	avrò finito
tu	hai finito	avevi finito	avrai finito
lui/lei/Lei	ha finito	aveva finito	avrà finito
noi	abbiamo finito	avevamo finito	avremo finito
voi	avete finito	avevate finito	avrete finito
loro	hanno finito	avẹvano finito	avranno finito

Konjunktiv	Präsens	*passato*	Imperfekt	*trapassato*
io	finisca	abbia finito	finissi	avessi finito
tu	finisca	abbia finito	finissi	avessi finito
lui/lei/Lei	finisca	abbia finito	finisse	avesse finito
noi	finiamo	abbiamo finito	finissimo	avessimo finito
voi	finiate	abbiate finito	finiste	aveste finito
loro	finịscano	ạbbiano finito	finịssero	avẹssero finito

Konditional	Präsens	der Vergangenheit	Imperativ
io	finirei	avrei finito	–
tu	finiresti	avresti finito	finisci
lui/lei/Lei	finirebbe	avrebbe finito	finisca
noi	finiremmo	avremmo finito	finiamo
voi	finireste	avreste finito	finite
loro	finirẹbbero	avrẹbbero finito	finịscano

4 Übersicht über die unregelmäßigen Verben

Abkürzungen:

Part. Perf.	Partizip Perfekt	*pass. rem.*	*passato remoto*
Gerund.	Gerundium	*Kondit.*	Konditional Präsens
Präs.	Indikativ Präsens	*Imper.*	Imperativ
Imp.	Indikativ Imperfekt	*Konj. Präs.*	Konjunktiv Präsens
Fut.	Futur	*Konj. Imp.*	Konjunktiv Imperfekt

Die nicht aufgeführten Formen werden regelmäßig gebildet.

accadere ► cadere
geschehen

accendere ► *Part. Perf.:* acceso
einschalten
pass. rem.: accesi – accendesti – accese – accendemmo – accendeste – accẹsero

accludere ► *Part. Perf.:* accluso
beilegen
pass. rem.: acclusi – accludesti – accluse – accludemmo – accludeste – acclụsero

accogliere ► cogliere
empfangen

accorgersi ► *Part. Perf.:* mi sono accorto
bemerken
pass. rem.: mi accorsi – ti accorgesti – si accorse – ci accorgemmo – vi accorgeste – si accọrsero

aggiungere ► giungere
hinzufügen

ammettere ► mettere
zugeben

andare
gehen/fahren
Präs.: vado – vai – va – andiamo – andate – vanno
Fut.: andrò – andrai – andrà – andremo – andrete – andranno
Kondit.: andrei – andresti – andrebbe – andremmo – andreste – andrẹbbero
Imper.: – va'/vai – vada – andiamo – andate – vạdano
Konj. Präs.: vada – vada – vada – andiamo – andiate – vạdano

apparire
erscheinen
Part. Perf.: apparso
Präs.: apparisco/appaio – apparisci/appari – apparisce/appare – appariamo – apparite – apparịscono/appạiono

pass. rem.: apparii/apparvi/apparsi – apparisti – apparì/apparve/apparse – apparimmo – appariste – apparịrono/appạrvero/appạrsero
Imper.: – appari/apparisci – appaia/apparisca – appariamo – apparite – appạiano/apparịscano

appartenere ► tenere
gehören

appendere *Part. Perf.:* appeso
hängen *pass. rem.:* appesi – appendesti – appese – appendemmo – appendeste – appẹsero

apprendere ► prendere
lernen

aprire *Part. Perf.:* aperto
öffnen *pass. rem.:* aprii/apersi – apristi – aprì/aperse – aprimmo – apriste – aprịrono/apẹrsero

ardere *Part. Perf.:* arso
verbrennen *pass. rem.:* arsi – ardesti – arse – ardemmo – ardeste – ạrsero

assolvere *Part. Perf.:* assolto
freisprechen *pass. rem.:* assolsi – assolvesti – assolse – assolvemmo – assolveste – assọlsero

assumere *Part. Perf.:* assunto
annehmen/einstellen *pass. rem.:* assunsi – assumesti – assunse – assumemmo – assumeste – assụnsero

attendere ► tendere
warten

attrarre ► trarre
anziehen

avvenire ► venire
geschehen

bere *Part. Perf.:* bevuto
trinken *Gerund.:* bevendo
Präs.: bevo – bevi – beve – beviamo – bevete – bẹvono
Imp.: bevevo – bevevi – beveva – bevevamo – bevevate – bevẹvano
Fut.: berrò – berrai – berrà – berremo – berrete – berranno
pass. rem.: bevvi – bevesti – bevve – bevemmo – beveste – bẹvvero

	Kondit.: berrei – berresti – berrebbe – berremmo – berreste – berrẹbbero
	Konj. Präs.: beva – beva – beva – beviamo – beviate – bẹvano
	Konj. Imp.: bevessi – bevessi – bevesse – bevessimo – beveste – bevẹssero
cadere fallen	*Fut.:* cadrò – cadrai – cadrà – cadremo – cadrete – cadranno
	pass. rem.: caddi – cadesti – cadde – cademmo – cadeste – cạddero
	Kondit.: cadrei – cadresti – cadrebbe – cadremmo – cadreste – cadrẹbbero
chiedere fragen	*Part. Perf.:* chiesto
	pass. rem.: chiesi – chiedesti – chiese – chiedemmo – chiedeste – chiẹsero
chiudere schließen	*Part. Perf.:* chiuso
	pass. rem.: chiusi – chiudesti – chiuse – chiudemmo – chiudeste – chiụsero
cogliere (ab)pflücken	*Part. Perf.:* colto
	Präs.: colgo – cogli – coglie – cogliamo – cogliete – cọlgono
	pass. rem.: colsi – cogliesti – colse – cogliemmo – coglieste – cọlsero
	Imper.: – cogli – colga – cogliamo – cogliete – cọlgano
	Konj. Präs.: colga – colga – colga – cogliamo – cogliate – cọlgano
commettere begehen	► mettere
compiere erfüllen/ vollenden	*Präs.:* compio – compi – compie – compiamo – compite – cọmpiono
	Imp.: compivo – compivi – compiva – compivamo – compivate – compịvano
	pass. rem.: compii – compisti – compì – compimmo – compiste – compịrono
	Imper.: – compi – compia – compiamo – compite – cọmpiano
	Konj. Präs.: compia – compia – compia – compiamo – compiate – cọmpiano
	Konj. Imp.: compissi – compissi – compisse – compissimo – compiste – compịssero

comporre ► porre
zusammensetzen

comprendere ► prendere
enthalten/verstehen

concorrere ► correre
mitwirken

condividere ► dividere
teilen

condurre *Part. Perf.:* condotto
führen/fahren *Gerund.:* conducendo
Präs.: conduco – conduci – conduce – conduciamo – conducete – conducono
Imp.: conducevo – conducevi – conduceva – conducevamo – conducevate – conducevano
Fut.: condurrò – condurrai – condurrà – condurremo – condurrete – condurranno
pass. rem.: condussi – conducesti – condusse – conducemmo – conduceste – condussero
Kondit.: condurrei – condurresti – condurrebbe – condurremmo – condurreste – condurrebbero
Konj. Präs.: conduca – conduca – conduca – conduciamo – conduciate – conducano
Konj. Imp.: conducessi – conducessi – conducesse – conducessimo – conduceste – conducessero
Imper.: – conduci – conduca – conduciamo – conducete – conducano

confondere ► fondere
verwechseln/verwirren

conoscere *Part. Perf.:* conosciuto
kennen / kennen lernen *pass. rem.:* conobbi – conoscesti – conobbe – conoscemmo – conosceste – conobbero

convenire ► venire
übereinstimmen / *unpers.* müssen

convincere ► vincere
überzeugen

coprire ► aprire
(be)decken

correggere	► reggere
verbessern	
correre	*Part. Perf.:* corso
rennen	*pass. rem.:* corsi – corresti – corse – corremmo – correste – cọrsero
corrispondere	► rispondere
entsprechen	
costringere	► stringere
zwingen	
crescere	*Part. Perf.:* cresciuto
wachsen	*pass. rem.:* crebbi – crescesti – crebbe – crescemmo – cresceste – crẹbbero
cucire	*Präs.:* cucio – cuci – cuce – cuciamo – cucite – cụciono
nähen	*Konj. Präs.:* cucia – cucia – cucia – cuciamo – cuciate – cụciano
cuocere	*Part. Perf.:* cotto
kochen	*Präs.:* cuocio – cuoci – cuoce – c(u)ociamo – c(u)ocete – cuọciono
	pass. rem.: cossi – cocesti – cosse – cocemmo – coceste – cọssero
	Imper.: – cuoci – cuocia – cociamo – cocete – cuọciano
	Konj. Präs.: cuocia – cuocia – cuocia – cociamo – cociate – cuọciano
dare	*Part. Perf.:* dato
geben	*Präs.:* do – dai – dà – diamo – date – danno
	Imp.: davo – davi – dava – davamo – davate – dạvano
	Fut.: darò – darai – darà – daremo – darete – daranno
	pass. rem.: diedi/detti – desti – diede/dette – demmo – deste – diẹdero/dẹttero
	Kondit.: darei – daresti – darebbe – daremmo – dareste – darẹbbero
	Imper.: – da'/dai – dia – diamo – date – dịano
	Konj. Präs.: dia – dia – dia – diamo – diate – dịano
	Konj. Imp.: dessi – dessi – desse – dessimo – deste – dẹssero
decidere	*Part. Perf.:* deciso
entscheiden	*pass. rem.:* decisi – decidesti – decise – decidemmo – decideste – decịsero

deludere ► illudere
enttäuschen

deprimere ► esprimere
niederdrücken

descrivere ► scrivere
beschreiben

difendere *Part. Perf.:* difeso
verteidigen *pass. rem.:* difesi – difendesti – difese – difendemmo – difendeste – difẹsero

diffondere ► fondere
verbreiten

dimettere ► mettere
entlassen

dipendere ► appendere
abhängen

dire *Part. Perf.:* detto
sagen *Gerund.:* dicendo
Präs.: dico – dici – dice – diciamo – dite – dịcono
Imp.: dicevo – dicevi – diceva – dicevamo – dicevate – dicẹvano
Fut.: dirò – dirai – dirà – diremo – direte – diranno
pass. rem.: dissi – dicesti – disse – dicemmo – diceste – dịssero
Kondit.: direi – diresti – direbbe – diremmo – direste – dirẹbbero
Imper.: – di' – dica – diciamo – dite – dịcano
Konj. Präs.: dica – dica – dica – diciamo – diciate – dịcano
Konj. Imp.: dicessi – dicessi – dicesse – dicessimo – diceste – dicẹssero

dirigere *Part. Perf.:* diretto
lenken/leiten *pass. rem.:* diressi – dirigesti – diresse – dirigemmo – dirigeste – dirẹssero

discutere *Part. Perf.:* discusso
diskutieren *pass. rem.:* discussi – discutesti – discusse – discutemmo – discuteste – discụssero

dispiacere ► piacere
Leid tun

distinguere unterscheiden
Part. Perf.: distinto
pass. rem.: distinsi – distinguesti – distinse – distinguemmo – distingueste – distịnsero

distrarre ablenken ► trarre

distruggere zerstören
Part. Perf.: distrutto
pass. rem.: distrussi – distruggesti – distrusse – distruggemmo – distruggeste – distrụssero

divenire werden ► venire

dividere teilen/trennen
Part. Perf.: diviso
pass. rem.: divisi – dividesti – divise – dividemmo – divideste – divịsero

dolersi bedauern
Part. Perf.: doluto
Präs.: mi dolgo – ti duoli – si duole – ci dogliamo/doliamo – vi dolete – si dọlgono
Fut.: mi dorrò – ti dorrai – si dorrà – ci dorremo – vi dorrete – si dorranno
pass. rem.: mi dolsi – ti dolesti – si dolse – ci dolemmo – vi doleste – si dọlsero
Kondit.: mi dorrei – ti dorresti – si dorrebbe – ci dorremmo – vi dorreste – si dorrẹbbero
Imper.: – duoliti – si dolga – dogliamoci/doliamoci – doletevi – si dọlgano
Konj. Präs.: mi dolga – ti dolga – si dolga – ci dogliamo – vi dogliate – si dọlgano

dovere müssen/sollen
Präs.: devo/debbo – devi – deve – dobbiamo – dovete – dẹvono/dẹbbono
Fut.: dovrò – dovrai – dovrà – dovremo – dovrete – dovranno
Kondit.: dovrei – dovresti – dovrebbe – dovremmo – dovreste – dovrẹbbero
Konj. Präs.: debba/deva – debba/deva – debba/deva – dobbiamo – dobbiate – dẹbbano/dẹvano

eleggere (er)wählen ► leggere

emergere auftauchen
Part. Perf.: emerso
pass. rem.: emersi – emergesti – emerse – emergemmo – emergeste – emẹrsero

escludere ausschließen	► accludere
esplodere explodieren	*Part. Perf.:* esploso *pass. rem.:* esplosi – esplodesti – esplose – esplodemmo – esplodeste – esplọsero
esprimere ausdrücken	*Part. Perf.:* espresso *pass. rem.:* espressi – esprimesti – espresse – esprimemmo – esprimeste – esprẹssero
fare tun/machen	*Part. Perf.:* fatto *Gerund.:* facendo *Präs.:* faccio – fai – fa – facciamo – fate – fanno *Imp.:* facevo – facevi – faceva – facevamo – facevate – facẹvano *Fut.:* farò – farai – farà – faremo – farete – faranno *pass. rem.:* feci – facesti – fece – facemmo – faceste – fẹcero *Kondit.:* farei – faresti – farebbe – faremmo – fareste – farẹbbero *Imper.:* – fa'/fai – faccia – facciamo – fate – fạcciano *Konj. Präs.:* faccia – faccia – faccia – facciamo – facciate – fạcciano *Konj. Imp.:* facessi – facessi – facesse – facessimo – faceste – facẹssero
fondere schmelzen	*Part. Perf.:* fuso *pass. rem.:* fusi – fondesti – fuse – fondemmo – fondeste – fụsero
giungere ankommen/erreichen	*Part. Perf.:* giunto *pass. rem.:* giunsi – giungesti – giunse – giungemmo – giungeste – giụnsero
godere genießen	*Fut.:* godrò – godrai – godrà – godremo – godrete – godranno *Kondit.:* godrei – godresti – godrebbe – godremmo – godreste – godrẹbbero
illudere falsche Hoffnungen machen	*Part. Perf.:* illuso *pass. rem.:* illusi – illudesti – illuse – illudemmo – illudeste – illụsero
intendere verstehen	► tendere

interrompere ► unterbrechen	rompere
intervenire ► eingreifen	venire
introdurre ► einführen	condurre
iscrivere ► anmelden	scrivere
leggere lesen	*Part. Perf.:* letto *pass. rem.:* lessi – leggesti – lesse – leggemmo – leggeste – lẹssero
mantenere ► (er)halten	tenere
mettere stellen/legen/setzen	*Part. Perf.:* messo *pass. rem.:* misi – mettesti – mise – mettemmo – metteste – mịsero
mordere beißen	*Part. Perf.:* morso *pass. rem.:* morsi – mordesti – morse – mordemmo – mordeste – mọrsero
morire sterben	*Part. Perf.:* morto *Präs.:* muoio – muori – muore – moriamo – morite – muọiono *Fut.:* morirò/morrò – morirai/morrai – morirà/morrà – moriremo/morremo – morirete/morrete – moriranno/morranno *Kondit.:* morirei/morrei – moriresti/morresti – morirebbe/morrebbe – moriremmo/morremmo – morireste/morreste – morirẹbbero/morrẹbbero *Imper.:* – muori – muoia – moriamo – morite – muọiano *Konj. Präs.:* muoia – muoia – muoia – moriamo – moriate – muọiano
muovere bewegen	*Part. Perf.:* mosso *Präs.:* muovo – muovi – muove – m(u)oviamo – m(u)ovete – muọvono *pass. rem.:* mossi – movesti – mosse – movemmo – moveste – mọssero
nascere geboren werden	*Part. Perf.:* nato *pass. rem.:* nacqui – nascesti – nacque – nascemmo – nasceste – nạcquero

nascondere verstecken
Part. Perf.: nascosto
pass. rem.: nascosi – nascondesti – nascose – nascondemmo – nascondeste – nascọsero

offendere beleidigen ► difendere

offrire anbieten
Part. Perf.: offerto
pass. rem.: offrii/offersi – offristi – offrì/offerse – offrimmo – offriste – offrịrono/offẹrsero

parere scheinen
Part. Perf.: parso
Präs.: paio – pari – pare – paiamo – parete – pạiono
Fut.: parrò – parrai – parrà – parremo – parrete – parranno
pass. rem.: parvi – paresti – parve – paremmo – pareste – pạrvero
Kondit.: parrei – parresti – parrebbe – parremmo – parreste – parrẹbbero
Konj. Präs.: paia – paia – paia – paiamo – paiate – pạiano

perdere verlieren
Part. Perf.: perduto/perso
pass. rem.: persi/perdei/perdetti – perdesti – perse/perdé/perdette – perdemmo – perdeste – pẹrsero/perdẹrono/perdẹttero

permettere erlauben ► mettere

persuadere überreden
Part. Perf.: persuaso
pass. rem.: persuasi – persuadesti – persuase – persuademmo – persuadeste – persuạsero

piacere gefallen
Part. Perf.: piaciuto
Präs.: piaccio – piaci – piace – piacciamo – piacete – piạcciono
pass. rem.: piacqui – piacesti – piacque – piacemmo – piaceste – piạcquero
Imper.: – piaci – piaccia – piacciamo – piacete – piạcciano
Konj. Präs.: piaccia – piaccia – piaccia – piacciamo – piacciate – piạcciano

piangere weinen
Part. Perf.: pianto
pass. rem.: piansi – piangesti – pianse – piangemmo – piangeste – piạnsero

piovere regnen
pass. rem.: – – piovve – – –

porgere reichen	*Part. Perf.:* porto *pass. rem.:* porsi – porgesti – porse – porgemmo – porgeste – pọrsero
porre setzen/ stellen/legen	*Part. Perf.:* posto *Gerund.:* ponendo *Präs.:* pongo – poni – pone – poniamo – ponete – pọngono *Imp.:* ponevo – ponevi – poneva – ponevamo – ponevate – ponẹvano *Fut.:* porrò – porrai – porrà – porremo – porrete – porranno *pass. rem.:* posi – ponesti – pose – ponemmo – poneste – pọsero *Kondit.:* porrei – porresti – porrebbe – porremmo – porreste – porrẹbbero *Imper.:* – poni – ponga – poniamo – ponete – pọngano *Konj. Präs.:* ponga – ponga – ponga – poniamo – poniate – pọngano *Konj. Imp.:* ponessi – ponessi – ponesse – ponessimo – poneste – ponẹssero
possedere ► besitzen	sedere
potere können/ dürfen	*Präs.:* posso – puoi – può – possiamo – potete – pọssono *Fut.:* potrò – potrai – potrà – potremo – potrete – potranno *Kondit.:* potrei – potresti – potrebbe – potremmo – potreste – potrẹbbero *Konj. Präs.:* possa – possa – possa – possiamo – possiate – pọssano
prendere nehmen	*Part. Perf.:* preso *pass. rem.:* presi – prendesti – prese – prendemmo – prendeste – prẹsero
produrre ► herstellen	condurre
promettere ► versprechen	mettere
proporre ► vorschlagen	porre
proteggere (be)schützen	*Part. Perf.:* protetto *pass. rem.:* protessi – proteggesti – protesse – proteggemmo – proteggeste – protẹssero

pungere ► giungere
stechen

raccogliere ► cogliere
aufheben/sammeln

radere *Part. pass.:* raso
rasieren *pass. rem.:* rasi – radesti – rase – rademmo – radeste – rạsero

reggere *Part. Perf.:* retto
(stand)halten/tragen *pass. rem.:* ressi – reggesti – resse – reggemmo – reggeste – rẹssero

rendere *Part. Perf.:* reso
zurückgeben *pass. rem.:* resi – rendesti – rese – rendemmo – rendeste – rẹsero

ridere *Part. Perf.:* riso
lachen *pass. rem.:* risi – ridesti – rise – ridemmo – rideste – rịsero

rimanere *Part. Perf.:* rimasto
bleiben *Präs.:* rimango – rimani – rimane – rimaniamo – rimanete – rimạngono
Fut.: rimarrò – rimarrai – rimarrà – rimarremo – rimarrete – rimarranno
pass. rem.: rimasi – rimanesti – rimase – rimanemmo – rimaneste – rimạsero
Kondit.: rimarrei – rimarresti – rimarrebbe – rimarremmo – rimarreste – rimarrẹbbero
Imper.: – rimani – rimanga – rimaniamo – rimanete – rimạngano
Konj. Präs.: rimanga – rimanga – rimanga – rimaniamo – rimaniate – rimạngano

risolvere ► assolvere
(auf)lösen

rispondere *Part. Perf.:* risposto
antworten *pass. rem.:* risposi – rispondesti – rispose – rispondemmo – rispondeste – rispọsero

riuscire ► uscire
gelingen

rompere *Part. Perf.:* rotto
(zer)brechen *pass. rem.:* ruppi – rompesti – ruppe – rompemmo – rompeste – rụppero

salire	*Präs.:* salgo – sali – sale – saliamo – salite – sạlgono
hinaufsteigen	*Imper.:* – sali – salga – saliamo – salite – sạlgano
	Konj. Präs.: salga – salga – salga – saliamo – saliate – sạlgano
sapere	*Präs.:* so – sai – sa – sappiamo – sapete – sanno
wissen	*Fut.:* saprò – saprai – saprà – sapremo – saprete – sapranno
	pass. rem.: seppi – sapesti – seppe – sapemmo – sapeste – sẹppero
	Kondit.: saprei – sapresti – saprebbe – sapremmo – sapreste – saprẹbbero
	Imper.: – sappi – sappia – sappiamo – sappiate – sạppiano
	Konj. Präs.: sappia – sappia – sappia – sappiamo – sappiate – sạppiano
scegliere	*Part. Perf.:* scelto
(aus)wählen	*Präs.:* scelgo – scegli – sceglie – scegliamo – scegliete – scẹlgono
	pass. rem.: scelsi – scegliesti – scelse – scegliemmo – sceglieste – scẹlsero
	Imper.: – scegli – scelga – scegliamo – scegliete – scẹlgano
	Konj. Präs.: scelga – scelga – scelga – scegliamo – scegliate – scẹlgano
scendere	*Part. Perf.:* sceso
hinuntergehen	*pass. rem.:* scesi – scendesti – scese – scendemmo – scendeste – scẹsero
sciogliere	*Part. Perf.:* sciolto
(auf)lösen	*Präs.:* sciolgo – sciogli – scioglie – sciogliamo – sciogliete – sciọlgono
	pass. rem.: sciolsi – sciogliesti – sciolse – sciogliemmo – scioglieste – sciọlsero
	Imper.: – sciogli – sciolga – sciogliamo – sciogliete – sciọlgano
	Konj. Präs.: sciolga – sciolga – sciolga – sciogliamo – sciogliate – sciọlgano
scomparire	► apparire
verschwinden	
scoprire	► aprire
entdecken	
scrivere	*Part. Perf.:* scritto
schreiben	*pass. rem.:* scrissi – scrivesti – scrisse – scrivemmo – scriveste – scrịssero

sedere sitzen
Präs.: siedo/seggo – siedi – siede – sediamo – sedete – siẹdono/sẹggono
Imper.: – siedi – sieda/segga – sediamo – sedete – siẹdano/sẹggano
Konj. Präs.: sieda/segga – sieda/segga – sieda/segga – sediamo – sediate – siẹdano/sẹggano

sedurre verführen ► condurre

seppellire begraben
Part. Perf.: seppellito/sepolto

smettere aufhören ► mettere

soddisfare zufrieden stellen ► fare
auch:
Präs.: soddisfo – soddisfi – soddisfa – soddisfiamo – soddisfate – soddịsfano
Fut.: soddisferò – soddisferai – soddisferà – soddisferemo – soddisferete – soddisferanno
Kondit.: soddisferei – soddisferesti – soddisferebbe – soddisferemmo – soddisfereste – soddisferẹbbero
Konj. Präs.: soddisfi – soddisfi – soddisfi – soddisfacciamo – soddisfacciate – soddịsfino

soffrire leiden ► offrire

sopravvivere überleben ► vivere

sorprendere überraschen ► prendere

sorridere lächeln ► ridere

sostenere (unter)stützen ► tenere

sottoscrivere unterschreiben ► scrivere

spargere verstreuen
Part. Perf.: sparso
pass. rem.: sparsi – spargesti – sparse – spargemmo – spargeste – spạrsero

spegnere ausmachen — *Part. Perf.:* spento
Präs.: spengo – spegni – spegne – spegniamo – spegnete – spẹngono
pass. rem.: spensi – spegnesti – spense – spegnemmo – spegneste – spẹnsero

spendere ausgeben ► appendere

spingere schieben — *Part. Perf.:* spinto
pass. rem.: spinse – spingesti – spinse – spingemmo – spingeste – spịnsero

stare bleiben — *Part. Perf.:* stato
Präs.: sto – stai – sta – stiamo – state – stanno
Imp.: stavo – stavi – stava – stavamo – stavate – stạvano
Fut.: starò – starai – starà – staremo – starete – staranno
pass. rem.: stetti – stesti – stette – stemmo – steste – stẹttero
Kondit.: starei – staresti – starebbe – staremmo – stareste – starẹbbero
Imper.: – sta'/stai – stia – stiamo – state – stịano
Konj. Präs.: stia – stia – stia – stiamo – stiate – stịano
Konj. Imp.: stessi – stessi – stesse – stessimo – steste – stẹssero

stendere ausstrecken ► tendere

stringere (zu)drücken — *Part. Perf.:* stretto
pass. rem.: strinsi – stringesti – strinse – stringemmo – stringeste – strịnsero

succedere geschehen — *Part. Perf.:* successo
pass. rem.: – – successe – – succẹssero

supporre vermuten ► porre

svenire ohnmächtig werden ► venire

svolgere abwickeln ► volgere

tacere schweigen ► piacere

tendere (aus)spannen
Part. Perf.: teso
pass. rem.: tesi – tendesti – tese – tendemmo – tendeste – tẹsero

tenere (be)halten
Präs.: tengo – tieni – tiene – teniamo – tenete – tẹngono
pass. rem.: tenni – tenesti – tenne – tenemmo – teneste – tẹnnero
Fut.: terrò – terrai – terrà – terremo – terrete – terranno
Kondit.: terrei – terresti – terrebbe – terremmo – terreste – terrẹbbero
Imper.: – tieni – tenga – teniamo – tenete – tẹngano
Konj. Präs.: tenga – tenga – tenga – teniamo – teniate – tẹngano

tingere färben ► spingere

togliere wegnehmen ► cogliere

tradurre übersetzen ► condurre

trarre ziehen/entnehmen
Part. Perf.: tratto
Gerund.: traendo
Präs.: traggo – trai – trae – traiamo – traete – trạggono
Imp.: traevo – traevi – traeva – traevamo – traevate – traẹvano
Fut.: trarrò – trarrai – trarrà – trarremo – trarrete – trarranno
pass. rem.: trassi – traesti – trasse – traemmo – traeste – trạssero
Kondit.: trarrei – trarresti – trarrebbe – trarremmo – trarreste – trarrẹbbero
Imper.: – trai – tragga – traiamo – traete – trạggano
Konj. Präs.: tragga – tragga – tragga – traiamo – traiate – trạggano
Konj. Imp.: traessi – traessi – traesse – traessimo – traeste – traẹssero

trascorrere verbringen ► correre

trasmettere übertragen ► mettere

uccidere töten ► decidere

udire hören	*Präs.:* odo – odi – ode – udiamo – udite – ọdono *Fut.:* ud(i)rò – ud(i)rai – ud(i)rà – ud(i)remo – ud(i)rete – ud(i)ranno *Kondit.:* ud(i)rei – ud(i)resti – ud(i)rebbe – ud(i)remmo – ud(i)reste – ud(i)rẹbbero *Imper.:* – odi – oda – udiamo – udite – ọdano *Konj. Präs.:* oda – oda – oda – udiamo – udiate – ọdano
uscire ausgehen	*Präs.:* esco – esci – esce – usciamo – uscite – ẹscono *Imper.:* – esci – esca – usciamo – uscite – ẹscano *Konj. Präs.:* esca – esca – esca – usciamo – usciate – ẹscano
valere gelten/zählen	*Part. Perf.:* valso *Präs.:* valgo – vali – vale – valiamo – valete – vạlgono *Fut.:* varrò – varrai – varrà – varremo – varrete – varranno *pass. rem.:* valsi – valesti – valse – valemmo – valeste – vạlsero *Kondit.:* varrei – varresti – varrebbe – varremmo – varreste – varrẹbbero *Imper.:* – vali – valga – valiamo – valete – vạlgano *Konj. Präs.:* valga – valga – valga – valiamo – valiate – vạlgano
vedere sehen	*Part. Perf.:* visto/veduto *Fut.:* vedrò – vedrai – vedrà – vedremo – vedrete – vedranno *pass. rem.:* vidi – vedesti – vide – vedemmo – vedeste – vịdero *Kondit.:* vedrei – vedresti – vedrebbe – vedremmo – vedreste – vedrẹbbero
venire kommen	*Part. Perf.:* venuto *Präs.:* vengo – vieni – viene – veniamo – venite – vẹngono *Fut.:* verrò – verrai – verrà – verremo – verrete – verranno *pass. rem.:* venni – venisti – venne – venimmo – veniste – vẹnnero *Kondit.:* verrei – verresti – verrebbe – verremmo – verreste – verrẹbbero *Imper.:* – vieni – venga – veniamo – venite – vẹngano *Konj. Präs.:* venga – venga – venga – veniamo – veniate – vẹngano

vincere	*Part. Perf.:* vinto
gewinnen	*pass. rem.:* vinsi – vincesti – vinse – vincemmo – vinceste – vịnsero
vivere	*Part. Perf.:* vissuto
leben	*Fut.:* vivrò – vivrai – vivrà – vivremo – vivrete – vivranno
	pass. rem.: vissi – vivesti – visse – vivemmo – viveste – vịssero
	Kondit.: vivrei – vivresti – vivrebbe – vivremmo – vivreste – vivrẹbbero
volere	*Präs.:* voglio – vuoi – vuole – vogliamo – volete – vọgliono
wollen	*Fut.:* vorrò – vorrai – vorrà – vorremo – vorrete – vorranno
	pass. rem.: volli – volesti – volle – volemmo – voleste – vọllero
	Kondit.: vorrei – vorresti – vorrebbe – vorremmo – vorreste – vorrẹbbero
	Imper.: vogli – voglia – vogliamo – vogliate – vọgliano
	Konj. Präs.: voglia – voglia – voglia – vogliamo – vogliate – vọgliano
volgere	*Part. Perf.:* volto
(zu)wenden	*pass. rem.:* volsi – volgesti – volse – volgemmo – volgeste – vọlsero

Stichwortregister

Die Zahlen bezeichnen die Seitenzahlen.